Ist die Transformation gelungen?

Studien des Instituts für Ostrecht München

Begründet von Professor Dr. Reinhart Maurach
Herausgegeben von
Professor Dr. Friedrich-Christian Schroeder,
Dres. h. c., Regensburg

Band 81

PL ACADEMIC RESEARCH

Friedrich-Christian Schroeder / Herbert Küpper (Hrsg.)

Ist die Transformation gelungen?

Eigentum und Eigentumsordnung im postsozialistischen Europa

PL ACADEMIC RESEARCH

Bibliografische Information der Deutschen Nationalbibliothek
Die Deutsche Nationalbibliothek verzeichnet diese Publikation in der Deutschen Nationalbibliografie; detaillierte bibliografische Daten sind im Internet über http://dnb.d-nb.de abrufbar.

Umschlaggestaltung:
© Olaf Gloeckler, Atelier Platen, Friedberg

ISSN 0073-8492
ISBN 978-3-631-73100-0 (Print)
E-ISBN 978-3-631-73097-3 (E-PDF)
E-ISBN 978-3-631-73098-0 (EPUB)
E-ISBN 978-3-631-73099-7 (MOBI)
DOI 10.3726/b11693

PL Academic Research ist ein Imprint der Peter Lang GmbH.

Peter Lang – Frankfurt am Main · Bern · Bruxelles · New York · Oxford · Warszawa · Wien

Diese Publikation wurde begutachtet.

www.peterlang.com

Inhaltverzeichnis

GESAMTRESÜMEE

Vorwort

Da der Sozialismus sein Hauptziel in der Abschaffung der kapitalistischen Eigentumsordnung gesehen hat, ist eines der Hauptprobleme bei der Abkehr vom Sozialismus die Umgestaltung der vom Sozialismus geschaffenen Eigentumsordnung. Anfängliche radikale Konzepte wie etwa das 100-Tage-Programm des amerikanischen Wirtschaftswissenschaftlers *Gajdar* erwiesen sich schnell als utopisch; es zeigte sich, dass die Aufteilung des Staatseigentums auf zahllose unterschiedliche Träger wesentlich schwieriger war und ist als die seinerzeitige Überführung des Privateigentums mit seinen vielen Trägern in das einheitliche Staatseigentum, zumal dessen Profiteure hinhaltenden Widerstand leisteten.

26 Jahre nach der Abkehr vom Sozialismus erscheint es an der Zeit zu fragen, ob der Rückbau der von ihm geschaffenen Eigentumsordnung gelungen ist. Schon die für diesen Vorgang gewählten Bezeichnungen sind problematisch: man spricht von „perestrojka" oder „transition" – wir haben uns für den Begriff „Transformation" entschieden und waren uns dabei bewusst, dass er ein aktives Element enthält, das durchaus diskussionswürdig ist.

Die Beiträge dieses Bandes beruhen auf der Tagung 2016 der Fachgruppe Recht der Deutschen Gesellschaft für Osteuropakunde, die turnusmäßig vom Institut für Ostrecht München/Regensburg in Regensburg ausgerichtet wurde. Die Einladung der Mitglieder der Fachgruppe und einiger ausländischer Wissenschaftler zu Vorschlägen für Vorträge verhinderte zwar eine erschöpfende Behandlung der Problematik, bot aber dafür die Möglichkeit zur Vorstellung bisher unbekannt gebliebener Aspekte. Wir haben die Beiträge in drei Gruppen gegliedert. Die erste Gruppe bildete – nach einem Eröffnungsvortrag von Prof. Dr. Dres. h.c. *Hans-Jürgen Papier*, dem langjährigen Präsidenten des Bundesverfassungsgerichts, über den Freiheitsbezug der Eigentumsgarantie – das Thema „Grundlagen, Rechtstransformation, Rechtstransfer" mit Vorträgen über die Transformation des Eigentumsbegriffs im russischen und deutschen Recht und den durch den Transfer ausgelösten Konflikt zwischen abstrakten und kausalen Rechten. Ein weiterer Vortrag schilderte die Fort- und Rückschritte bei der Einrichtung des Notariats in drei Nachfolgestaaten Jugoslawiens.

Im öffentlichen Recht erfolgten Vorträge über die Rechtsprechung des EGMR zu der Eigentumsordnung Russlands und über die Sinnhaftigkeit der Diversifizierung der Eigentumsformen in Russland. Das Manuskript eines Vortrags über die Problematik der Überleitung des einheitlichen Staatseigentums auf juristische Personen des öffentlichen Rechts wurde leider nicht rechtzeitig eingereicht.

Die Vorträge zum Zivilrecht behandelten Modernität und Tradition im Sachenrecht der neuen bürgerlichen Gesetzbücher in Osteuropa und die eigentumsrechtliche Zuordnung von Bodenschätzen.

Eine Podiumsdiskussion zwischen Prof. Dr. *Andrej Egorov* (Moskau), Justizministerin a.D. *Helena Válková* (Prag) und Dr. *Alfred Brunnbauer* (Regensburg) – Prof. Dr. *Fryderyk Zoll* (Osnabrück) war leider wegen einer Verspätung seines Flugzeugs verhindert – auf Einladung der Industrie- und Handelskammer Regensburg-Oberpfalz und unter der Moderation von Prof. Dr. *Rainer Wedde* erbrachte interessante zusätzliche Aspekte, konnte aber nicht dokumentiert und daher nicht in den vorliegenden Band aufgenommen werden.

Ein abschließendes Gesamtresümee stellte fest, dass sich die postsozialistischen Rechtsordnungen im Bereich des Eigentumsrechts nicht vollständig von ihren sozialistischen Wurzeln emanzipiert haben. Eine unbedachte Übernahme fremder Rechtsfiguren habe teilweise zu Ungereimtheiten und Verwerfungen geführt. Die Transformationsstaaten bevorzugten das Gesetzesrecht und stünden der richterlichen Rechtsfortbildung skeptisch gegenüber. Am Maßstab der Europäischen Konvention zum Schutz der Menschenrechte gemessen sei die Transformation vor allem in Russland und der Ukraine noch nicht voll gelungen. Die Frage nach den Ursachen werde die Ostrechtsforschung daher auch in Zukunft beschäftigen. Die Leserinnen und Leser dieses Tagungsbandes sind eingeladen, die Erkenntnisse des unmittelbar am Ende der Tagung gezogenen Resümees zu überprüfen und möglicherweise weiterzuführen.

Die Redaktion des Bandes lag in den Händen von Prof. Dr. Dr. h.c. *Herbert Küpper*.

Friedrich-Christian Schroeder

GRUNDLAGEN, RECHTSTRANSFORMATION, RECHTSTRANSFER

Dr. Eugenia Kurzynsky-Singer

Eigentumsbegriff im russischen und deutschen Recht

I. Eigentumsverständnis einer liberalen und einer kollektivistischen Gesellschaftsordnung

1. Wertungskomponente des Eigentumsmodells

Der vorliegende Beitrag bietet einen Überblick über die Ergebnisse einer noch nicht veröffentlichten Monographie zur Transformation des russischen zivilrechtlichen Eigentumsbegriffs.[1]

Den Ausgangspunkt der Betrachtung von Transformationsprozessen im russischen Eigentumsrecht bildet dabei die Annahme, dass jeder Rechtsordnung eine rechtskulturelle Dimension immanent ist, die auf die Auslegung der Rechtsvorschriften, mithin auf die Herausbildung der Rechtsnormen, einen entscheidenden Einfluss ausübt.[2] Diese rechtskulturelle Dimension wird in erster Linie durch Wertentscheidungen der Gesellschaft und ganz entscheidend durch das gesell-

---

1 Voraussichtlicher Titel: Transformation des russischen zivilrechtlichen Eigentumsbegriffs aus der rechtsvergleichenden Perspektive des deutschen Rechts.

2 Diese Annahme lehnt sich an die Spiegeltheorie des Rechts an, die es in verschiedenen Varianten gibt. Siehe hierzu: *Rehm*, Rechtstransplantate als Instrument der Rechtsreform und -transformation, RabelsZ 72 (2008), S. 1–42 (13 ff.); *Pankevich*, Phenomena of Legal

schaftliche Modell geprägt.[3] Dementsprechend ist davon auszugehen, dass auch das Eigentumsverständnis in einer Rechtsordnung stark durch die Wertvorstellungen der Gesellschaft beeinflusst ist.

Die Verankerung des Eigentumsmodells in dem Wertesystem einer Gesellschaft kann anhand eines Vergleichs der Wertungskomponenten eines kollektivistisch geprägten und eines liberalen Eigentumsmodells nachvollzogen werden. Zum Vergleich bieten sich insofern die Eigentumsmodelle der Sowjetunion und des BGB an. Anzumerken ist, dass die Unterschiede zwischen dem kontinentaleuropäischen, insbesondere dem deutschen, und dem sowjetischen Eigentumsmodell, soweit sie durch die unterschiedlichen Wirtschaftsverfassungen bedingt waren, in den Zeiten des Kalten Kriegs wissenschaftlich gut erschlossen wurden.[4] Vorliegend stehen solche Besonderheiten des jeweiligen Eigentumsmodells im Vordergrund, die durch das für die jeweilige Gesellschaft prägende Verhältnis zwischen dem Kollektiv und dem Individuum sowie durch die damit verbundenen Wertungen geprägt sind. Der Unterschied beider Eigentumsmodelle läuft dabei auf die Frage hinaus, ob die Grundlage und der Rechtfertigungsgrund des Eigentums in der individuellen Freiheit oder in der Zuteilung einzelner Rechtsposition durch das Kollektiv zu suchen ist.

Die prinzipielle Entscheidung für das eine oder das andere Modell hat Folgen dafür, wie die konkreten Eigentümerpositionen durch die Rechtsordnung geformt werden, insbesondere wie diese konkrete Ergebnisse legitimiert werden.

So sind Befugnisse des Eigentümers nach dem Eigentumsmodell des BGB grundsätzlich unbeschränkt gedacht, was natürlich nicht ihre Unbeschränkbarkeit bedeutet. Die Befugnisse erfahren Einschränkungen, die allerdings entsprechend legitimiert werden müssen und daher nur nach einer sorgfältigen Abwägung der privatnützigen Interessen mit dem Wohle der Allgemeinheit erfolgen können.[5]

Transplants Related to the Social Model of the Post-Soviet Countries, in: *Kurzynsky-Singer* (Hrsg.), Transformation durch Rezeption?, Tübingen 2014, S. 39–64 (42 ff.).

3 Zum Teil kann dieser Effekt anhand von *legal transplants* im Rahmen des Transformationsprozesses beobachtet werden. Siehe bereits: *Kurzynsky-Singer*, Wirkungsweise der legal transplants bei den Reformen des Zivilrechts, in: *Kurzynsky-Singer* (Hrsg.), Transformation durch Rezeption?, S. 3–38 (3 ff., 24 ff.).

4 Siehe z. B. *Bilinsky*, Das sowjetische Wirtschaftsrecht, Tübingen, Basel 1968; *Freund*, Zivilrecht Sowjetrusslands, Berlin, Leipzig 1924; *Brunner/Schroeder* (Hrsg.), Sozialistisches Wirtschaftsrecht zwischen Wandel und Beharrung, Berlin 1988; *Jacobs*, Eigentumsbegriff und Eigentumssystem des sowjetischen Rechts, Köln, Graz 1965; *Pfaff*, Das sozialistische Eigentum in der Sowjetunion, Köln 1965; *Reich*, Sozialismus und Zivilrecht, Frankfurt a. M. 1972.

5 Bezeichnend ist etwa die Formulierung von *Hattenhauer*, Über vereintes und entzweites Eigentum, in: *Baur* (Hrsg.), Das Eigentum, Göttingen 1989, S. 83–101 (85),

Werden die Eigentümerbefugnisse hingegen in der staatlichen Zuteilung begründet, so ist vielmehr die Begründung einer ausschließlichen Position zu rechtfertigen, deren Grenzen aus dem Zweck dieser Zuteilung folgen. Das beste Beispiel dafür ist das persönliche Eigentum des sowjetischen Rechts.[6] Es wurde ausschließlich zum persönlichen Konsum vorgesehen und daher durch Regelungen geprägt, die diesen Zweck gewährleisteten, wie z. B. mengenmäßige Beschränkungen für den Wohnraum[7] oder das Verbot, die Gegenstände zu Erwerbszwecken einzusetzen.[8]

Anzumerken wäre hierzu, dass einige Argumentationsmuster, die für das sowjetische Eigentumsverständnis typisch waren, auch in der deutschen rechtswissenschaftlichen Diskussion der NS-Zeit aufzufinden sind. Bei dem Versuch, ein neues Eigentumskonzept einer kollektivistisch ausgerichteten Gesellschaft zu entwickeln,[9] wurden in vielen Bereichen zwar nicht die gleichen Lösungen, aber doch recht ähnliche Argumentationsmuster vertreten. Diese beruhten auf der Vorstellung vom Eigentum als einem „Gemeingut" und der daraus resultierenden Verpflichtung des Eigentümers gegenüber Volk und Reich zur verantwortlichen Verwaltung seiner Güter.[10] Dement-

---

wonach „es zum freiheitlich-bürgerlichen Eigentumsbegriff gehört, dass er in seinem Inhalt nur durch eine Negation erfasst werden kann und darf". Die Gegenauffassung, die sog. Immanenztheorie, geht dagegen davon aus, dass das Eigentum nur Befugnisse enthalte, die das positive Recht dem Eigentümer zuspricht. Siehe z. B. *Georgiades*, Eigentumsbegriff und Eigentumsverhältnis, in: *Baur/Larenz/Wieacker* (Hrsg.), Beiträge zur europäischen Rechtsgeschichte und zum geltenden Zivilrecht. Festgabe für J. Sontis, S. 150–166 (153) mit zahlreichen weiteren Nachweisen.

6 Hierzu ausführlich z. B. *Westen*, Theoretische Begründung und rechtliche Ausgestaltung des persönlichen Eigentums in den sozialistischen Staaten, Quaderni Fiorentini, 5–6 (1976/77), S. 779–839; *Chalfina*, Pravo ličnoj sobstvennosti [Das Recht des persönlichen Eigentums], Moskau 1964.

7 Art. 106 ZGB RSFSR (Zivilgesetzbuch der RSFSR), zitiert nach: *Frenzke* (Hrsg.), Das Zivilgesetzbuch und das Ehe- und Familiengesetzbuch der Russischen Sowjetrepublik (RSFSR), Stand: 1988.

8 Art. 93 Abs. 6 ZGB RSFSR; vgl. ferner z. B. Art. 154 StGB RSFSR (Strafgesetzbuch RSFSR, Stand 1987) zum Verbot der „Spekulation" sowie Art. 162 StGB RSFSR zur Pönalisierung eines verbotenen Kleingewerbes.

9 Siehe v. a. *Wieacker*, Wandlungen der Eigentumsverfassung, Hamburg 1935. Aus der Perspektive der heutigen Zeit siehe z. B. *Brünneck*, Die Eigentumsordnung im Nationalsozialismus, Kritische Justiz 1979, S. 151–172; *Keiser*, Eigentumsrecht in Nationalsozialismus und Fascismo, Tübingen 2005; *Rittstieg*, Die juristische Eigentumslehre in der Zeit des Nationalsozialismus, Quaderni Fiorentini 5–6 (1976/77), S. 703–721; *Rüthers*, Die unbegrenzte Auslegung, 6. Aufl., Tübingen 2005, S. 351 ff.

10 *Huber*, Die Rechtsstellung des Volksgenossen, Zeitschrift für die gesamte Staatswissenschaft (ZStaatsW) 96 (1936), S. 438–474 (455).

sprechend beruhte die dem Einzelnen zustehende Rechtsposition auf einer Zuweisung durch die Gemeinschaft,[11] die nur solange Bestand haben sollte, wie der Berechtigte die Bindungen an die Gemeinschaft nicht verletzte.[12]

2. Einfluss des Eigentumsmodells auf die Ausgestaltung einer Eigentumsordnung am Beispiel des BGB

Das Eigentumsmodell prägt die darauf beruhende Eigentumsordnung in vielerlei Art und Weise. Für das deutsche Recht ist z. B. zu berücksichtigen, dass eine grundsätzlich unbeschränkte Rechtsmacht nach einer Begrenzung auf der Objektebene verlangt. Nach dem deutschen Rechtsverständnis ist das Eigentum nur an körperlichen Gegenständen möglich. Als Folge begegnet die deutsche Rechtswissenschaft bereits dem Terminus „geistiges Eigentum" mit einer gewissen Skepsis.[13] Der Streit um den Begriff „geistiges Eigentum" ist aber keinesfalls als ein nur terminologischer Streit aufzufassen. Vielmehr geht es dabei um die Legitimität einzelner Regelungen und den rechtspolitischen Gestaltungsspielraum im Sinne eines angemessenen Ausgleichs von Ausschluss- und Nutzungsinteressen.[14]

Weiterhin zwingt der absolute Eigentumsbegriff zu einer Gleichbehandlung aller Subjekte und Objekte. Diese Vorgabe schließt das Funktionseigentum aus, das nach Art der Objekte differenzieren würde,[15] ebenso wie die Eigentumsformen, die nach der Person des Berechtigten unterscheiden.[16] Auch hier geht es um die Legitimität einzelner Regelungen und das Erfordernis, die Beschränkungen der Eigentümerbefugnisse aus der Position der grundsätzlich unbeschränkten Rechtsmacht heraus zu rechtfertigen.

Der Totalitätsgrundsatz, wonach ein gespaltenes Eigentum ausgeschlossen sein soll, ist ebenfalls mit der dogmatischen Verortung des Eigentums in der Freiheit der Person verbunden. Bekanntlich entstand der moderne deutsche Eigentumsbegriff als Ergebnis der Überwindung von feudalen Wirtschafts- und Gesellschaftsstrukturen.[17]

---

11 *Wieacker*, Wandlungen, S. 24.

12 *Huber*, ZStaatsW 96 (1936), S. 438–474 (455 und 474).

13 Zum Meinungsstreit um den Begriff siehe z. B. *Götting*, Der Begriff des Geistigen Eigentums, GRUR 2006, S. 353–358.

14 Auf die Probleme einer Ausdehnung des Schutzes von Immaterialgütern weist z. B. *Knieper*, Rechtsreformen entlang der Seidenstraße, Berlin 2006, S. 194 f., hin.

15 Vertreten z. B. durch *Pawlowski*, Substanz- oder Funktionseigentum, AcP 165 (1965), S. 395–420.

16 Zu den Eigentumsformen im sowjetischen Recht und der Fortsetzung dieser Denktradition im modernen russischen Recht sogleich.

17 Siehe hierzu z. B. *Knieper*, Gesetz und Geschichte, Baden-Baden 1996, S. 203 ff.

Es spiegelt die Entscheidung des Gesetzgebers wider, eine grundsätzlich freie Zirkulation von Sachen zu ermöglichen, die nicht durch die Aufteilung von Berechtigungen auf verschiedene Personen behindert werden soll.[18]

Auch bei diesen Kernelementen des deutschen Eigentumsbegriffs handelt es sich - ebenso wie bei der Entscheidung für eine grundsätzlich unbegrenzte Rechtsmacht des Eigentümers - primär um die Legitimationsvorgaben. Einschränkungen dieser Grundsätze sind im Rahmen des vorliegenden Konzepts möglich, bedürfen aber einer entsprechenden Rechtfertigung.

II. Eigentumskonzept des modernen Russlands

1. Koexistenz konkurrierender Konzepte

Die Betrachtung des Eigentumskonzepts des modernen Russlands verdeutlicht, dass im russischen Recht im Moment de facto zwei verschiedene Konzeptionen koexistieren. Das ist dem Umstand geschuldet, dass die Entwicklung des russischen Rechts von einer Kontinuität geprägt ist, die angesichts der Wenden in der Geschichte und der Rechtsgeschichte des Landes erstaunlich ist. Weder vermochte der Übergang vom vorrevolutionären zum sozialistischen Recht die zivilrechtliche Tradition des Landes komplett zu beenden,[19] noch konnten durch die Reformen des russischen Zivilrechts nach dem Zusammenbruch der Sowjetunion alle Relikte des sowjetischen Rechts beseitigt werden.[20] Dabei ist zu beachten, dass die Kontinuitäten mit dem sowjetischen Recht sich keinesfalls auf die Übernahme von Rechtsvorschriften beschränken. Es sind in erster Linie die Denktraditionen, die sich zum Teil fortsetzen und das moderne russische Recht mitprägen.[21] Gleichzeitig enthält das russische Zivilrecht aber auch viele

---

18 Dazu insbesondere *Hattenhauer*, in: *Baur* (Hrsg.), Das Eigentum, S. 83–101, im Rahmen der in den 70er und 80er Jahren des vorigen Jahrhunderts geführten Diskussion über eine Neuordnung des Bodenrechts.

19 Siehe hierzu bereits *Kurzynsky-Singer*, Russisches ZGB, in: *Basedow/Hopt/Zimmermann* (Hrsg.), Handwörterbuch des Europäischen Privatrechts, Band II, Tübingen 2009, S. 1324–1329 (1326 f.).

20 Dies ist unter anderem dadurch sichtbar, dass etwa drei Fünftel der Vorschriften des ZGB RSFSR zum Teil wörtlich in das postsowjetische ZGB RF übernommen wurden. Dazu siehe *Makovskij*, O kodifikacii graždanskogo prava [Über die Kodifikation des bürgerlichen Rechts], Moskau 2010, S. 11; *ders.* in: *Boguslavskij/Knieper* (Hrsg.), Wege zu neuem Recht, Berlin 1998, S. 340.

21 Zu einem solchen Beispiel siehe *Kurzynsky-Singer/Pankevich*, Freiheitliche Dispositionsmaxime und sowjetischer Paternalismus im russischen Zivilprozessrecht: Wechselwirkung verschiedener Bestandteile einer Transformationsrechtsordnung, ZEuP 2012, S. 7–22.

Rechtsnormen, die das Funktionieren der Marktwirtschaft und den Aufbau einer freiheitlichen Gesellschaft fördern sollen.[22] Das russische Zivilrecht spiegelt damit den in der russischen Gesellschaft vorhandenen Konflikt zwischen zwei konkurrierenden gesellschaftlichen Modellen wider: einem kollektivistischen Gesellschaftsmodell und einer liberalen (individualistischen) Grundordnung,[23] der sich auch im Bereich des Eigentumskonzepts fortsetzt.

Die Relikte des sowjetischen Eigentumskonzepts sind im modernen russischen Recht nicht zu übersehen. Hierzu gehört in erster Linie die Beibehaltung von verschiedenen Eigentumsformen. Das russische Recht differenziert nach dem Subjekt des Rechteinhabers und unterscheidet zwischen Staatseigentum, Privateigentum und Kommunaleigentum.[24] Infolge dieser Regelung kann der Staat z. B. staatseigene Unternehmen mit einem Betriebsvermögen ausstatten, das nach wie vor rechtlich dem Staat zugeordnet bleibt. Die Betriebe erwerben daran ein Recht der Bewirtschaftung oder der operativen Verwaltung, was eine Mitzuständigkeit für die übertragenen Gegenstände, nicht aber Eigentum daran begründet.[25]

Neben diesen traditionellen Bestandteilen enthält die russische Rechtsordnung aber auch Ansätze für die Rezeption eines liberalen Eigentumskonzepts nach dem kontinentaleuropäischen Vorbild, was anhand einzelner Gerichtsentscheidungen sichtbar wird. So zeigt das russische Verfassungsgericht durchaus Ansätze zu einer normativen Verbindung des Eigentums mit der Freiheit der Person.[26] Auch einzelne Entscheidungen der Wirtschaftsgerichte definieren die Befugnisse des

22 Zu nenne wäre z. B. Art. 1 ZGB RF, der zu den Grundlagen der Zivilgesetzgebung z. B. die Privatautonomie und den Eigentumsschutz erklärt.

23 Siehe bereits *Kurzynsky-Singer/Pankevich*, ZEuP 2012, S. 7–22.

24 Artikel 212 Teil 1: „In der Russischen Föderation werden privates, staatliches und kommunales Eigentum sowie andere Eigentumsformen anerkannt".

25 Artt. 294 ff. ZGB RF. In der neueren deutschsprachigen Literatur siehe zu diesen beiden Rechtsinstituten *Primaczenko*, Das Recht der Bewirtschaftung und das Recht der operativen Verwaltung im russischen Zivilrecht, in: *Trunk/Hoffmann* (Hrsg.), 50 Jahre Institut für Osteuropäisches Recht der Christian-Albrechts-Universität zu Kiel, Köln 2011, S. 113–135 (116 ff.), sowie den Bericht von *Kopylev*, Art. 46 EGBGB und das Recht zur wirtschaftlichen Verwaltung nach russischen Recht, RIW 2009, S. 516–521, über die Entscheidungen von BGH (WM 2008, 2302) und BVerfG, (Beschl. v. 15.12.2008, juris), die sich mit diesen Rechten auseinandersetzen mussten.

26 Siehe z. B. folgende Entscheidungen des russischen Verfassungsgerichts: Az. 5-P vom 24.3.2015; Az. 11-P vom 14.5.2012 und Az. 9-P vom 16.7.2008.

Eigentümers z. T. entsprechend dem liberalen Eigentumskonzept.[27] Vor allem wird der liberale Eigentumsbegriff in Teilen der Wissenschaft vertreten.[28]

Es ist anzunehmen, dass sich diese beiden Konzepte im Prinzip in einer Konkurrenz befinden und im Moment beide im russischen Recht koexistieren, zum Teil auch eine gewisse Synthese beider Ansätze auf der Grundlage des traditionellen Eigentumsbegriffs stattfindet. Die Entwicklung ist aber noch keinesfalls abgeschlossen.

Die Koexistenz beider Ansätze kann am Beispiel der Definition der Eigentümerbefugnisse nachverfolgt werden.

2. Definition der Eigentümerbefugnisse

Das russische Zivilgesetzbuch beschreibt die Eigentümerbefugnisse mit der für das russische Recht traditionellen Befugnistriade. Gemäß Art. 209 Teil 1 ZGB RF verfügt der Eigentümer über „die Rechte zum Besitz, zur Nutzung und zur Verfügung über seine Vermögensgegenstände", was an eine bereits im vorrevolutionären Svod Zakonov[29] vorhandene und in den sowjetischen Zivilgesetzbüchern[30] aufgegriffene Formulierung anknüpft.

Diese Definition scheint auf den ersten Blick keine ideologische Komponente zu enthalten, was die im postsowjetischen Raum sehr lebhaft geführte Diskussion um ihre Berechtigung auf den ersten Blick wenig verständlich erscheinen lässt. Bei der näheren Betrachtung tritt aber die rechtspolitische Bedeutung dieses Meinungsstreites hervor.

Von den Gegnern dieser Umschreibung der Eigentümerbefugnisse wird nämlich vorgetragen, dass durch die Aufzählung der einzelnen Befugnisse das Eigentum in seine Bestandteile aufgespalten wird, was zu seiner Begrenzung

---

27 Entscheidung des Föderalen Wirtschaftsgerichts des West-Sibirischen Bezirks vom 31.5.2012, Az. F-04-2207/12 in der Sache Nr. A03-9592/2011; Entscheidung des Siebten Wirtschaftsappelationsgerichts vom 26.6.2012, Az. 07AP-4273/12; wohl auch das Oberste Wirtschaftsgericht, Entscheidung vom 20.5.2014, Az. 19488/13.

28 Grundlegend: *Suchanov*, Lekcii o prave sobstvennosti, Moskau 1991, S. 24. Siehe weiterhin z. B. *Doždev*, Meždunarodnaja model' trasta i unitarnaja koncepcija prava sobstvennosti [Internationales Modell des Trust und das unitarische Eigentumsmodell], in: *Chazova* (Hrsg.), Čelovek i ego vremja: Žizn' i rabota Avgusta Rubanova [Der Mensch und seine Zeit: das Leben und das Werk von Avgust Rubanov], Moskau 2006, S. 251–286, S. 284; *Suchanov*, Graždanskoe pravo Rossii – častnoe pravo [Bürgerliches Recht Russlands ist Privatrecht], Moskau 2008, S. 285.

29 Band X, Art. 420.

30 Art. 58 ZGB RSFSR (1922); Art. 92 ZGB RSFSR (1964).

führe.[31] Diese Argumentation verweist auf die alten sowjetischen Konzepte, die durch die Beibehaltung der Kerndefinition aufrechterhalten werden. Die Kritik der Triade ist somit als rechtspolitisch motiviert zu verstehen, da sie im Bereich des Eigentumskonzepts liberale Legitimationsmuster fördert.

Die Befürworter der Triade-Definition verweisen auf ihr langes Bestehen in der russischen Rechtstradition und darauf, dass damit im Prinzip alle denkbaren Handlungen des Eigentümers umfasst werden könnten.[32] Zu betonen ist, dass damit aber durchaus eine positive Festlegung der Befugnisse des Eigentümers stattfindet.[33] Die Bezeichnung des Eigentums durch die Befürworter der Triade als „vollstes Recht", die zum Teil vorzufinden ist,[34] ermöglicht es, das Eigentum von den beschränkten dinglichen Rechten abzugrenzen. Eine solche Abgrenzung ist vor allem im Hinblick auf die Rechte der operativen Verwaltung und der Bewirtschaftung erforderlich, die die Befugnisse des Berechtigten ebenfalls über die Formel „Besitz, Nutzung und Verfügung" definieren.[35]

Eine direkte Folge dieses Streits ist bei der Konzeption der dinglichen Rechte zu beobachten. Diejenigen Autoren, die von einem liberalen Eigentumsmodell ausgehen, befürworten das den deutschen Juristen sehr gut bekannte System der beschränkten dinglichen Rechte.[36] Diejenigen Autoren, die das Eigentum über die Triade definieren, versuchen die in der Triadedefinition enthaltene Besitzkomponente auch für die Struktur der dinglichen Rechte nutzbar zu machen.[37] Das

---

31 *Doždev* in: *Chazova* (Hrsg.), Žizn' i rabota Avgusta Rubanova, S. 251–286; *Sklovskij*, Sobstvennost' v graždanskom prave [Eigentum im Zivilrecht], Moskau 2008, S. 178 f., 187 f.; *Skrjabin*, Pravo sobstvennosti v proekte izmenenij GK RF: preemstvennost' i novelly [Eigentumsrecht im Projekt der Änderung des ZGB RF: Kontinuitäten und Neuerungen], Vestnik permskogo universiteta, 2012 Nr. 4, S. S. 113–126 (113).

32 *Belov*, Graždanskoe pravo, osobennaja čast'. Tom III [Bürgerliches Recht, Besonderer Teil, Band III], Moskau 2012, S. 106; *Tarasenko*, Obščee učenie o veščnych pravach, sobstvennosti i prave sobstvennosti [Allgemeine Lehre über die dinglichen Rechte, das Eigentum und das Recht des Eigentums], in: *Belov* (Hrsg.), Aktual'nye problemy teorii i praktiki [Aktuelle Probleme der Theorie und Praxis], Moskau 2007, S. 481–524, (486).

33 *Babaev*, Sistema veščnych prav [System der dinglichen Rechte], Moskau 2006, S. 269; ebenso wohl auch *Belov*, Graždanskoe pravo III, S. 106 f.

34 *Babaev*, Sistema, S. 269; *Belov*, Graždanskoe pravo III, S. 283; *Tarasenko* in: *Belov* (Hrsg.), Aktual'nye problemy, S. 488.

35 Art. 294 / Art. 296 ZGB RF.

36 Besonders deutlich *Suchanov*, Ograničennye veščnye prava [Die beschränkten dinglichen Rechte], Chozjajstvo i pravo (Choz. i pravo) 2005, Nr. 1, S. 5–19, sowie *Suchanov*, Graždanskoe pravo III, S. 140 ff.

37 *Belov*, Graždanskoe pravo III, S. 42.

führt dazu, dass zu den dinglichen Rechten alle Rechte gezählt werden, die ein Recht zum Besitz beinhalten, wie z. B. ein Recht des Mieters.[38] Als nicht dinglich werden dagegen oft die Kreditsicherungsrechte wie das besitzlose Pfand angesehen.[39]

3. Zivilrechtlicher Eigentumsschutz als Beispiel für die Auswirkungen verschiedener Konzepte

Auf den ersten Blick sind die Unterschiede zwischen beiden Positionen im Hinblick auf die Definition der Eigentümerbefugnisse rein theoretischer Natur. Insbesondere ist die Qualifikation der Rechte des Mieters nicht mehr für die Frage entscheidend, ob der Mietvertrag mit dem neuen Eigentümer fortgesetzt wird.[40] Dennoch kann die Frage, ob das Eigentum über die Befugnistriade definiert oder als ein umfassendes Recht an einer Sache verstanden wird, durchaus Auswirkungen auf die Lösung des Einzelfalls haben. Ein Beispiel für eine solche Auswirkung bietet die Rechtsprechung zum zivilrechtlichen Eigentumsschutz, und zwar bezüglich der Frage, ob in einem Mehrparteienhaus der Eigentümer einzelner Räume bauliche Veränderungen dulden muss, die ein anderer Eigentümer an den Gebäudeteilen vorgenommen hat, die im gemeinsamen Eigentum der Parteien stehen. Ein häufiges Beispiel für solche Veränderungen ist die Montage einer Klimaanlage, die die Fassade des Gebäudes beeinträchtigt. Es kommen aber auch andere Fälle vor, wie z. B. der Ausbau einer Mansarde.[41] In den Fällen, in denen das Gericht das Eigentum als ein grundsätzlich unbeschränktes, wenn auch beschränkbares Recht definiert, d. h. von einem liberalen Eigentumsbegriff ausgeht, wird die Verletzung der Rechte von Miteigentümern durch die baulichen Veränderungen bejaht. Die Miteigentümer können demnach die Wiederherstellung des ursprünglichen Zustandes verlangen, soweit sie der Veränderung nicht zu-

38 Siehe z. B. *Belov*, Prava pol'zovanija čužoj vešč'ju [Rechte zur Nutzung einer fremden Sache], Vestnik Vysšego Arbitražnogo Suda (Vestnik VAS) 2010, Nr. 1, S. 6–57 (24); *Belov*, Graždanskoe pravo III, S. 311 ff.

39 Siehe z. B. *Konovalov*, Vladenie i vladel'českaja zaščita v graždanskom prave [Eigentum und Eigentumsschutz im Zivilrecht], 2004, S. 93.

40 Zu diesem Streit im vorrevolutionären Recht siehe z. B. *Šeršenevič*, Učebnik graždanskogo prava [Lehrbuch des Zivilrechts], Nachdruck der Ausgabe von 1907, Moskau 2005, Band II, S. 155 ff. Zum heutigen Recht siehe Art. 617 Abs. 1 ZGB RF. „Der Übergang des Eigentums (der Bewirtschaftung, der operativen Verwaltung, des erblichen Besitzes auf Lebenszeit) am verpachteten/vermieteten Eigentum an eine andere Person stellt keinen Grund zur Änderung oder Auflösung des Pacht-/Mietvertrags dar".

41 Entscheidung des Föderalen Wirtschaftsgerichts des Moskauer Bezirks vom 19.6.1997, Az. KG-A40/1021-97.

gestimmt haben.[42] In den Fällen, in denen das Gericht das Eigentum als Befugnis zum Besitz, Nutzung und Verfügung definiert, kommt es dagegen zur Ablehnung eines solchen Anspruchs, da diese Befugnisse von den baulichen Veränderungen nicht beeinträchtigt worden seien.[43]

Diese Entscheidungen verdeutlichen, dass die russische Rechtsprechung ebenso wie die russische Rechtswissenschaft bei der Frage der Beschreibung von Eigentümerbefugnissen in zwei Lager gespalten ist. Anzumerken ist, dass beide Positionen eine Stütze im russischen Zivilgesetzbuch finden können. Die Triade-Definition im Art. 209 Teil 1 ZGB RF wird nämlich durch Teil 2 ergänzt, wonach der Eigentümer „berechtigt ist, nach seinem Ermessen in Bezug auf seine Vermögensgegenstände beliebige Handlungen vorzunehmen, soweit Rechte Dritter oder Gesetze dem nicht entgegenstehen".

4. Perspektiven der weiteren Entwicklung

Es ist anzunehmen, dass die weitere Entwicklung des russischen Eigentumskonzeptes durch die Konkurrenz der beschriebenen Konzepte geprägt sein wird. Zu erwarten ist dabei eine Synthese beider Modelle, d. h. der aus dem sowjetischen Rechtsdenken stammenden Traditionen und der liberalen Ansätze. Es spricht vieles dafür, dass das traditionelle Eigentumsverständnis, wonach die Eigentümerbefugnisse aus der staatlichen Zuteilung resultieren, nach wie vor die dogmatische Grundlage des russischen Eigentumskonzepts bilden wird. Zum einen ist die fehlende Tradition der liberalen Eigentumsdogmatik in der russischen Rechtsgeschichte zu berücksichtigen,[44] zum anderen kann die Beibehaltung dieser

---

42 Entscheidung des Siebten Wirtschaftsappelationsgerichts vom 26.6.2012, Az. 07AP-4273/12; Entscheidung des Föderalen Wirtschaftsgerichts des West-Sibirischen Bezirks vom 31.5.2012, Az. F-04-2207/12 in der Sache Nr. A03-9592/2011; wohl auch das Oberste Wirtschaftsgericht in der Entscheidung vom 20.5.2014, Az. 19488/13.

43 Entscheidung des Föderalen Wirtschaftsgerichts des Nord-Westlichen Bezirks vom 18.4.2014, Az. F07-2191/14 in der Sache A56-39389/2013; Entscheidung des Siebten Wirtschaftsappelationsgerichts vom 29.3.2013, Az. 07AP-1128/13; Entscheidung des Föderalen Wirtschaftsgerichts des Povolžskij Bezirks vom 3.4.2013, Az. F06-1378/13 in der Sache A57-13243/2012; Entscheidung des Dreizehnten Wirtschaftsappelationsgerichts vom 27.11.2013, Az. 13AP-19678/13; Entscheidung des Dreizehnten Wirtschaftsappelationsgerichts vom 20.1.2014, Az. 13AP-24912/13; Entscheidung des Föderalen Wirtschaftsgerichts des Moskauer Bezirks vom 19.6.1997, Az. KG-A40/1021-97.

44 Siehe ausführlich *Merl*, Einstellungen zum Privateigentum in Russland und in der Sowjetunion, in: *Siegrist/Sugarman* (Hrsg.), Eigentum im internationalen Vergleich. 18.-20. Jahrhundert, Göttingen 1999, S. 135–159.

Grundlagen in einigen eigentumsbezogenen Regelungen beobachtet werden, beispielsweise anhand der Modalitäten des Eigentumserwerbs an einem illegal errichteten Bauwerk. An einem solchen Bauwerk kann nach russischem Recht gem. Art. 222 ZGB RF kein originäres Eigentum entstehen, auch fällt das Bauwerk nicht automatisch in das Eigentum des Grundstückseigentümers, da im russischen Recht keine rechtliche Einheit zwischen einem Grundstück und den darauf errichteten Gebäuden besteht. Das Gebäude ist als eine eigenständige unbewegliche Sache, mithin ein selbstständiges Objekt der Sachenrechte konzipiert.[45] Allerdings ist der Eigentumserwerb an einem ohne staatliche Baugenehmigung errichteten Bauwerk infolge eines Legalisierungsverfahrens, d.h. durch die Zuteilung der Eigentümerposition durch den Staat, zumindest theoretisch[46] möglich.[47] Daraus wird deutlich, dass das Eigentum im russischen Recht, anders als im deutschen, nicht als eine wertungsneutrale Zuordnungsposition aufgefasst wird, sondern unter dem Primat des öffentlichen Rechts steht.

Es wäre allerdings vorschnell, die Konkurrenz des liberalen und des traditionellen Ansatzes im Rahmen der Entstehung des russischen Eigentumskonzepts auf eine Auseinandersetzung zwischen Archaik und Moderne reduzieren zu wollen. Vielmehr ist zu beachten, dass das russische Recht sich in der Lage zeigt, die Relikte der sowjetischen Rechtsgeschichte mit neuen Wertungen zu verknüpfen.

Diese Möglichkeit wird zum Beispiel an der Rechtsentwicklung bezüglich des staatlichen Eigentums als einer eigenständigen Eigentumsform sichtbar. Auf den ersten Blick handelt es sich um ein Relikt des sowjetischen Rechts, das die Privilegierung des staatlichen Eigentums in einer stark abgeschwächten Form fortführt. Entsprechende Sonderregelungen bestehen z.B. in Bezug auf die staatseigenen

45 So z.B. Art. 130 Punkt 1 Abs. 1, Art. 219 und Art. 263 ZGB RF.

46 Zu den Einschränkungen eines solchen Eigentumserwerbs siehe z.B. Informacionnoe pis'mo Prezidiuma Vysšego Arbitražnogo Suda Rossijskoj Federacii Nr. 143 „Obzor sudebnoj praktiki po nekotorym voprosam priminenija arbitražnymi sudami stat'i 222 Graždanskogo kodeksa Rossijskoj Federacii" [Informationsbrief des Obersten Wirtschaftsgerichts der RF Nr. 143 „Überblick über die gerichtliche Praxis zu einigen Fragen der Anwendung des Art. 222 ZGB RF durch die Wirtschaftsgerichte"], Punkt 9, in dem festgelegt wird, dass die Voraussetzung einer solchen Legalisierung sei, dass der Bauherr sich vor dem Beginn des Bauvorhabens redlich um eine Genehmigung bemühte.

47 Art. 222 Punkt 3 ZGB RF: „Das Eigentumsrecht am Schwarzbau kann durch das Gericht und in gesetzlich vorgesehenen Fällen nach einem anderen gesetzlich bestimmten Verfahren einer Person zuerkannt werden, in deren Eigentum, erblichem Besitz auf Lebenszeit oder einer unbefristeten Bodennutzung sich das Grundstück befindet, auf dem der Schwarzbau errichtet wurde (…)".

Betriebe.[48] Auch ist zu beachten, dass das staatliche Eigentum als Eigentumsform alle Aktiva des Staates umfasst, ohne darauf Rücksicht zu nehmen, ob die betroffenen Gegenstände zur Erfüllung von hoheitlichen Aufgaben benötigt werden.[49]

Auf der anderen Seite ist aber zu berücksichtigen, dass das russische Recht eine Gleichstellung des staatlichen und des privaten Eigentums in Art. 124 ZGB RF explizit anordnet. In den Gerichtsentscheidungen wird diese Vorschrift durchaus zitiert und zum Teil als rechtliche Grundlage einer Inhaltskontrolle der zwischen dem Staat und Privatrechtssubjekten geschlossenen Verträge verwendet.[50] De facto soll diese Kontrolle verhindern, dass der Staat seine Machtposition ausnutzt und ungerechte Vertragsbedingungen durchsetzt. Damit könnte dieses Relikt als ein Ausgangspunkt einer weiteren Entwicklung dienen, die durchaus auch liberale Wertungen aufnehmen könnte.

Weiterhin sind in der russischen Rechtswissenschaft Ansätze vorhanden, das öffentliche Eigentum als Bezugspunkt für die Begrenzung des staatlichen Handlungsspielraums zu betrachten.[51] Im Rahmen dieser Ansicht wird angenommen, dass die öffentlich-rechtlichen Zielsetzungen die Befugnisse des Staates als Eigentümer begrenzen. Sicherlich ist der Ansatz aus der deutschen Sicht nicht ganz unproblematisch, aber er zeichnet dennoch einen gangbaren Weg für die weitere Entwicklung auf.

Aus der gegenwärtigen Perspektive kann nicht prognostiziert werden, welche Wertungen im Laufe der weiteren Entwicklung Eingang in das russische Eigentumskonzept finden werden. Festzuhalten ist lediglich, dass die Beibehaltung einzelner Relikte des sowjetischen Rechts für sich alleine genommen eine Aufnahme liberaler Wertungen nicht hindern muss.

---

48 So z. B. die Regelungen für das sog. große Rechtsgeschäft und das Rechtsgeschäft mit Interessenskollision im Aktienrecht (Art. 78 und Art. 84 Punkt 1 Abs. 5 AktienG RF) und die entsprechenden Vorschriften für die Unitarbetriebe (Artt. 20 ff. UnitarbetriebsG).

49 So Artikel 214 Punkt 1: „Als Staatseigentum in der Russischen Föderation werden Vermögensgegenstände angesehen, die der Russischen Föderation auf der Grundlage des Eigentumsrechts gehören (föderales Eigentum), und Vermögensgegenstände, die einem Subjekt der Russischen Föderation: einer Republik, einer Region, einem Gebiet, einer Stadt von föderaler Bedeutung, einem autonomen Gebiet oder einem autonomen Bezirk auf der Grundlage des Eigentumsrechts gehören".

50 Siehe z. B. Entscheidung des Präsidiums des OWiG vom 17.12.2013, Az. 12945/13; ferner die Entscheidung des OWiG vom 2.11.2010, Az. 7971/10.

51 *Vinnickij*, Publičnaja sobstvennost' [Öffentliches Eigentum], Moskau 2013, S. 97 ff.

III. Fazit

Zusammenfassend ist die Bedeutung von dogmatischen Fragen zu unterstreichen. Ihre Aufgabe im Gefüge einer Rechtsordnung besteht darin, eine Legitimationsgrundlage für die einzelnen Regelungen zu liefern und dadurch eine Verbindung zwischen den Werten einer Gesellschaft und ihrer Rechtsordnung herzustellen. Gerade für die Transformationsländer erscheint eine Diskussion um die dogmatischen Grundlagen einzelner Rechtsgebiete enorm wichtig, da sich dort ein neues Wertesystem noch herausbildet. Die vorgehende Betrachtung des russischen Eigentumskonzepts zeigt darüber hinaus, dass im Rahmen der Rechtsvergleichung zwischen den westlichen und postsozialistischen Rechtsordnungen eine äußerliche Ähnlichkeit der Regelungen nicht über die Tatsache hinwegtäuschen sollte, dass zwischen den jeweiligen dogmatischen Grundlagen und vor allem den dahinter stehenden Werten beachtliche Unterschiede bestehen können.

Dr. Nataša Hadžimanović

Rechtstransfer von Störfaktoren: abstrakt gedachte Sicherungsübertragung in kausal konzipierten Sachenrechtsordnungen

Im Folgenden soll aufgezeigt werden, wieso der Transfer der dem deutschen Recht entlehnten „besitzlosen“ und abstrakt (und damit auch nicht-akzessorisch) gedachten Sicherungsübertragung in die Sachenrechtsordnungen in Südosteuropa (z. B. Slowenien und Kroatien), die ausgeprägt kausal konzipiert sind, ein höchst problematisches Unterfangen ist.

I. Ursprung und Struktur der abstrakt gedachten Sicherungsübertragung

Wenn man von Abstraktion im Sachenrecht spricht, so denkt man zunächst an die Emanzipation der Wirksamkeit des Verfügungsgeschäfts von der schuldrechtlichen *causa*[1]. Tatsächlich geht diese Emanzipation aber noch viel weiter. Denn hinter der Abstraktion im Sachenrecht steckt ideengeschichtlich eine ausgeprägte Ausdifferenzierung in Person, Forderung, dingliches Recht, Sache. Diese Ausdifferenzierung findet mit dem Aufgeben des scholastischen („ideellen") Denkens statt. Denn in der Scholastik stehen rechtsphilosophisch noch der Gedanke der Alleinheit im Vordergrund und der Mensch als Gottes Abbild im Zentrum. Der Mensch schafft den Übertragungsprozess des Rechts an einer Sache im Einklang mit dem göttlichen Schöpfungsprozess, indem er die vier (ontologischen) *causae* setzt. Derjenige, der das Recht erhalten soll, ist an diesem schöpferischen Prozess kaum beteiligt. Noch mit *Grotius*[2] kann bei der *obligatio dandi* nicht klar zwischen Forderung und Übertragung getrennt werden[3] und auch nicht in Personalität und Dinglichkeit. Das französische Recht spiegelt noch diese einheitliche Art des Denkens wider. Daher hat im französischen Recht auch die (einseitige!) *promesse* (zunächst[4]) noch eine ungeheure Kraft: „*Promesse de vente vaut vente lorsqu'il y a consentement réciproque des deux parties sur la chose et le prix*"[5].

---

1 *Werner Flume*, Allgemeiner Teil des Bürgerlichen Rechts, Zweiter Band, Das Rechtsgeschäft, Berlin/Heidelberg/New York 1965, § 12 I 1, S. 153.

2 Zu den Einflüssen der Kausallehre auf *Grotius*' Versprechenslehre s. *Malte Diesselhorst*, Die Lehre des Hugo Grotius vom Versprechen, Köln/Graz: Böhlau Verlag 1959, S. 44 ff.; s. auch *Franz Wieacker*, Privatrechtsgeschichte der Neuzeit unter besonderer Berücksichtigung der deutschen Entwicklung, 2. Aufl., Göttingen: Vandenhoeck & Ruprecht 1967, S. 299, der auf dessen Vermittlerrolle zwischen der moraltheologischen Tradition und dem aufkommenden profanen Naturrecht hinweist.

3 Dazu s. *Ralf Michaels*, Sachzuordnung durch Kaufvertrag, Traditionsprinzip, Konsensprinzip, ius ad rem in Geschichte, Theorie und geltendem Recht, Berlin: Duncker & Humblot 2002, S. 140.

4 Das Konzept konnte sich allerdings nicht halten: *Michaels*, op. cit. FN 3, S. 190 f., S. 194 ff. Siehe auch die Hinweise auf das spätere (moderne) abweichende Verständnis von Art. 1589 Code civil von 1804 bei *Arwed Blomeyer*, La promesse de vente vaut vente, Zur Geschichte des Durchgriffs bei Vorverträgen, in: Hans Peter Ipsen (Hrsg.), Festschrift für Leo Raape zu seinem siebzigsten Geburtstag 14. Juni 1948, Hamburg: Rechts- und Staatswissenschaftlicher Verlag GmbH 1948, S. 269–303, S. 271.

5 *Le consentement réciproque* ist nur das beiderseitige Einverständnis über Ware und Preis; keineswegs ist es etwa die gegenseitige Verpflichtungserklärung; es handelt sich daher um ein einseitiges Versprechen, eine *promesse unilaterale*, dazu s. *Blomeyer*, op. cit. FN 4, S. 272; der dinglich wirkende Kaufvertrag kann durch das Urteil ersetzt werden, sodass der Versprechensempfänger die Sache erhält, wenn der Versprechende sich weigert, sein Versprechen zu halten: *Robert-Joseph Pothier*, Traité du contrat de vente selon les règles tant du for de la conscience, que du for extérieur, Tome second, Paris/Orléans: Debure/Rozeau-Montaut 1773, Nr. 476 ff., Nr. 479.

Erst das moderne deutsche Recht als Kind der eingangs genannten ausgeprägten Ausdifferenzierung im Zuge des Rationalismus und der Verdinglichung der Welt und damit auch des Rechts kann sich mit Bezug auf sein Sachenrecht als abstrakt definieren. Der Mensch verliert mit diesem neuen Denkmodell seine Schöpferkraft, denn er muss sich neu vieler verschiedener auch materieller Elemente bedienen, um das erwünschte Ergebnis, z. B. eine Verfügung, zu erzielen. Es reicht dafür nicht mehr aus, dass er einen Prozess in Gang setzt. Im Prinzip degradiert das neue Weltbild den Menschen zum Konsumenten.

Es kann allerdings keineswegs gesagt werden, das moderne deutsche Recht verliere damit den Bezug zur *causa*, auch wenn dies der Begriff der Abstraktion, der als Antonym zur Kausalität verwendet wird, vielleicht suggerieren könnte. Vielmehr ist es so, dass durch die ausgeprägte Ausdifferenzierung im deutschen Recht das einzelne Element seine eigene *causa* erhält: So hat das schuldrechtliche Rechtsgeschäft seine eigene *causa*, und auch die Verfügung hat ihre eigene, davon unabhängige *causa* – sie findet sich in der dinglichen Einigung. Der Ausdruck „Trennungsprinzip", der dies reflektiert, ist daher vielleicht besser als der Ausdruck „Abstraktionsprinzip" geeignet, diese Besonderheit des deutschen Sachenrechts aufzuzeigen. Diese Trennung nimmt der schuldrechtlichen *causa* allerdings auch im deutschen Recht nicht etwa ihre Steuerungsfunktion. Denn bei Fehlen dieser *causa* kommt es wenn auch nicht zur Vindikation, so doch zur schuldrechtlichen Rückabwicklung (Kondiktion).

Diese ausgeprägte Trennung im deutschen Recht führt dazu, dass da selbst das Pfandrecht nach traditionellem Rechtsverständnis unabhängig von Bestand und Gültigkeit des schuldrechtlichen Rechtsgeschäfts ist[6]. Das Pfandrecht sei *„gerade deswegen abstrakt, weil es von seinem Rechtsgrund, nämlich der Verpflichtung zur*

6 Siehe aber *Otto Heinrich Wendt*, Rechtssatz und Dogma, Glossen zum Entwurf des bürgerlichen Gesetzbuches, Jahrbücher für die Dogmatik des heutigen römischen und deutschen Privatrechts 29 (1890), S. 29–106, S. 39: „Verpfändung ist stets ein materielles Geschäft (*Wendt*, op. cit. FN 6, S. 49), welches seine causa stets offenbart und in seinen Wirkungen von ihr abhängt. Könnte sonst wohl die akzessorische Natur überhaupt gelehrt werden?"; *Robert Krawielicki*, Grundlagen des Bereicherungsanspruchs, Breslau: M. & H. Marcus 1936, S. 13 sowie S. 31 ff.; *Gerhard Bähr*, Akzessorietätsersatz bei der Sicherungszession, NJW 198, 1473–1475, S. 1474. Siehe auch *Ekkehard Becker-Eberhard*, Die causa für die Bestellung von Sicherungsrechten, in: Theodor Baums/Marcus Lutter/Karsten Schmidt/Johannes Wertenbruch (Hrsg.), Festschrift für Ulrich Huber zum siebzigsten Geburtstag, Tübingen: Mohr Siebeck 2006, S. 121–141, S. 121 f., S. 131 ff., sowie *Ekkehard Becker-Eberhard*, Die Forderungsgebundenheit der Sicherungsrechte, Bielefeld: Verlag Ernst und Werner Gieseking 1993, S. 377 ff., S. 387 ff.

Sicherungsbestellung, kraft Gesetzes unabhängig sei“[7]. Der eigentliche, aber nicht genannte Rechtsgrund, insbesondere die zu sichernde Leistung als Zweck der Sicherung, soll hingegen von vornherein unbeachtlich sein[8].

Im deutschen Recht wird die Regel, die Akzessorietät vorsieht (§ 1205 Abs. 1 BGB), folglich als gesetzlicher, d. h. rein technischer (Kausalitätsersatz-)Mechanismus bemüht. Die schuldrechtliche *causa* als Steuerungsmechanismus zu verstehen, wird in aller Regel peinlichst vermieden, auch wenn allein sie dazu führen konnte, dass die Akzessorietät Eingang ins Gesetz gefunden hat.

Auf die Sicherungsübertragung im deutschen Recht wirkt sich dieses Trennungsdenken ebenfalls aus. Und zwar stärker noch als auf das Pfandrecht. Denn es wird da noch nicht einmal auf eine gesetzliche Regel gegriffen, die wie beim Pfandrecht dank einem Kniff Trennungsdogma und Steuerung durch die schuldrechtliche *causa* doch noch formal miteinander in Einklang zu bringen versucht: Die Akzessorietätsregel des Pfandrechts wird für die Sicherungsübertragung nicht analog angewendet. Dies verunmöglicht einen automatischen Rückfall des Rechts bei der Sicherungsübertragung. Erbringt also der Sicherungsgeber seine Leistung, so hat er entweder einen schuldrechtlichen Anspruch auf Rückübertragung des Sicherungsobjekts, oder aber er erhält den Sicherungsgegenstand aufgrund eines vertraglich vereinbarten dinglichen Rückfalls wieder zu Eigentum. Das ist die Struktur der abstrakt („getrennt“) gedachten Sicherungsübereignung, um die es in dieser Arbeit geht.

II. Einführung der Sicherungsübereignung ins Sachenrecht der Nachfolgestaaten Jugoslawiens

Die Übertragung von Forderungen zu Sicherungszwecken war schon im früheren jugoslawischen Schuldrechtsgesetz (Art. 445 ZOO-Jug, Zakon o obligacionim odnosima, Sl. list SFRJ, br. 29/1978) gesetzlich geregelt. Alle Nachfolgestaaten Jugoslawiens haben die Lösung beibehalten[9]. Hingegen blieb die

---

7 *Rolf Serick*, Eigentumsvorbehalt und Sicherungsübertragung, Band I, Der einfache Eigentumsvorbehalt, Heidelberg: Verlagsgesellschaft „Recht und Wirtschaft“ mbH 1963, Band I, S. 247.

8 Dazu aber *Becker-Eberhard*, op. cit. FN 6, causa, S. 125, S. 141, der aufzeigt, dass die *causa* im Sicherungsversprechen und der zu sichernden Leistung zu finden ist.

9 So z. B. *Jurica Cvjetko*, Ugovor o cesiji (ustupu tražbine) kao pravni institut obveznog prava s posebnim osvrtom na personalnu subrogaciju, Pravnik 43, 1 (87) (2009), S. 135–152, S. 148 f., zum kroatischen Recht. Zum slowenischen Recht s. Art. 207 ff. des slowenischen Sachenrechtsgesetzbuches (SPZ-Slo), Stvarnopravni Zakonik, Uradni list RS, št. 87/02.

Sicherungsübereignung zu jugoslawischen Zeiten ungeregelt. Ob es dennoch zulässig war, eine solche zu begründen, war umstritten. In Slowenien wurde das in der neueren Literatur zum früheren Recht bejaht[10]. In Serbien hingegen, wo dazu immer noch keine gesetzliche Regelung besteht, ist die Frage nicht beantwortet. In der serbischen Gerichtspraxis ist dazu eine Reihe widersprüchlicher Urteile ergangen[11].

In neuerer Zeit haben die meisten Nachfolgestaaten Jugoslawiens die Sicherungsübereignung gesetzlich geregelt[12]. Eine wichtige Vorbildfunktion hatte dabei das deutsche Recht[13]. Im Unterschied zum deutschen Recht haben aber sämtliche Nachfolgestaaten Jugoslawiens auch das Registerpfandrecht an beweglichen Sachen eingeführt (s. z. B. Art. 170–177 des slowenischen Sachenrechtsgesetzbuches SPZ-Slo, Stvarnopravni Zakonik, Uradni list RS, št. 87/02), sodass nun zwei Sicherungsrechte des Mobiliarsachenrechts nebeneinander bestehen, bei denen eine Depossession des Sicherungsgebers nicht notwendig ist.

Rechtsharmonie haben die Nachfolgestaaten Jugoslawiens mit der Regelung der Sicherungsübereignung nicht angestrebt. Das ist gerade mit Blick auf grenzüberschreitende Sachverhalte, wie sie im Zusammenhang mit Mobilien häufig vorkommen, sehr bedauerlich (dazu s. z. B. Art. 18 des jugoslawischen IPRG von 1982, Zakon o rešavanju sukoba sa zakonima drugih zemalja, Sl. list SFRJ,

---

10 *Meliha Povlakić*, Fiducijarno vlasništvo u usporednom pravu i sudskoj praksi, Zbornik Pravnog fakulteta Sveučilišta u Rijeci 2003, S. 194–243, S. 212.

11 Kritisch dazu *Povlakić*, op. cit. FN 10, S. 214; zu einem unausgewogenen Urteil des Höchsten Gerichts Serbiens (Presuda Vrhovnog suda Srbije Prev. 347/96 vom 16.10.1996) s. die kritischen Fragen von *Nenad Tešić*, Fiducijarni prenos svojine kao sredstvo obezbeđenja potraživanja, Pravni Život 10 (2002), S. 107–115, S. 113; s. zur serbischen Rechtspraxis auch die Kritik von *Ljiljana Đurović*, Ugovor o fiducijarnom prenosu svojine, Pravni Život 10 (1998), S. 811–826, S. 820 ff.: Die Gründe, die die serbischen Gerichte gegen die Sicherungsübereignung anführen, sind einerseits deren gesetzliche Nichtregelung und andererseits der Verstoß gegen das Verbot der *lex commissoria*. Das letztere Argument traf im konkreten Fall gar nicht zu. Die Argumente scheinen vorgeschoben zu sein, um der Sicherungsübereignung nicht Tür und Tor zu öffnen.

12 Dazu s. *Povlakić*, op. cit. FN 10, S. 195 ff.

13 Dazu s. *Renato Vrenčur*, Fiducijarni prenos vlasničkog prava u osiguranje na pokretnim stvarima u novom slovenačkom pravu, S. 291–303, S. 292, in: Gesellschaft für Technische Zusammenarbeit mbH (Hrsg.), Das Budapester Symposium, Beiträge zur Reform des Sachenrechts in den Staaten Südosteuropas, Bremen: Edition Temmen 2003.

br. 43/1982, der noch – allerdings nicht mehr lange – in den meisten der Nachfolgestaaten Jugoslawiens gilt; *lex rei sitae*).

Es bestehen in den einzelnen Rechtsordnungen wichtige Unterschiede, so z. B. bezüglich der Sicherungsobjekte[14] und des Verständnisses des Rechts: Im slowenischen Recht wird eine flexible Lösung angestrebt, indem die Parteien grundsätzlich alle Modalitäten selbst festlegen können; die Sicherungsübereignung kann daher auch ein nicht-akzessorisches, abstrakt gedachtes Sicherungsrecht sein; sie ist aber grundsätzlich ein resolutiv-bedingtes Sicherungsrecht (Art. 201 Abs. 2 SPZ-Slo).

Im kroatischen Recht wird zwar von der Akzessorietät auch der Sicherungsübereignung ausgegangen (Art. 81 Abs. 1 ZOO-Kro, Zakon o obveznim odnosima, NN 35/05)[15]; allerdings kennt auch das kroatische Recht nicht-akzessorische Formen der Sicherungsübereignung, die dann bestehen, wenn es an der Drittwirksamkeit mangelt.

Der Entwurf des serbischen Bürgerlichen Gesetzbuches vom 29. Mai 2015 regelt die Sicherungsübereignung nicht: Geregelt sind bezüglich Fahrnis lediglich Faustpfand und Registerpfand. Dagegen sieht der diesem Gesetzesentwurf zeitlich vorgehende zweite serbische Entwurf eines Gesetzbuches zur Regelung des Eigentums und anderer dinglicher Rechte zur Frage der Zweckausrichtung des Sicherungsrechts noch Folgendes vor: Bezüglich der Frage des Übergangs der Sicherheit zusammen mit der Forderung scheint es eine rein vertragliche Lösung

14 Im kroatischen, mazedonischen und montenegrinischen Recht können bewegliche wie unbewegliche Sachen sowie Rechte zu Sicherungszwecken übertragen werden. Nach slowenischem Recht dürfen nur bewegliche Sachen (Art. 63 und Art. 201 des slowenischen Sachenrechtsgesetzbuches, SPZ-Slo) und Forderungen (Art. 207 ff. SPZ-Slo) als Sicherheit übertragen werden, denn die Übertragung von Immobilien zu Eigentum muss bedingungslos und unbefristet erfolgen (Art. 37 Abs. 2 SPZ). In Serbien ist die Sicherungsübereignung bislang lediglich im 2. Entwurf eines Gesetzbuches zur Regelung des Eigentums und anderer dinglicher Rechte enthalten (Art. 633 ff. 2. E-SachenRG-Serb); sie kann nur an beweglichen Sachen begründet werden; die serbische Rechtsprechung schwankt bei der Frage, ob die Sicherungsübereignung auch bei geltender Rechtslage zulässig sei. Die fiduziarische Übertragung von Forderungen hingegen ist gesetzlich geregelt (Art. 445 ZOO-Serb). Dazu s. ausführlich *Povlakić*, op. cit FN 10, S. 203 ff.

15 *Hano Ernst*, Stvarnopravna osiguranja na nekretninama u Republici Hrvatskoj, in: Civil Law Forum for South East Europe, Collection of studies and analyses. First Regional Conference, Cavtat 2010, Vol. II, Beograd 2010, S. 570–590, S. 576 f.; *Nikola Gavella*, Stvarno pravno uređenje, in: Nikola Gavella/Tatjana Josipović/Igor Gliha/Vlado Belaj/ Zlatan Stipković (Hrsg.), Stvarno Pravo, Band II, 2. Auflage, Zagreb: Narodne Novine 2007, S. 477.

vorzusehen (Art. 644 Abs. 1 und 2 2. E-SachenRG-Serb)[16]; nach Art. 644 Abs. 5 2. E-SachenRG-Serb wird allerdings vermutet, die Parteien hätten vereinbart, dass ein Dritter sowohl das Sicherungseigentum als auch die Forderung erhalte. Und Art. 648 Abs. 1 2. E-SachenRG-Serb sieht vor, dass mit Erlöschen der Forderung auch das Sicherungsrecht untergeht und der Treuhänder die Sache dem Treugeber zurückgibt. Hingegen erlischt bei der besitzlosen Sicherungsübereignung das Sicherungsrecht erst durch den Löschungseintrag im öffentlichen Register (Art. 648 Abs. 3 2. E-SachenRG-Serb)[17]. Bei diesem Konzept handelt es sich um eine „gestufte Akzessorietät“; das soll für die notwendige Flexibilität sorgen[18]. Das ist ein anderes Konzept als Art. 437 Abs. 1 ZOO-Serb (Zakon o obligacionim odnosima, Sl. list SFRJ, br. 29/78), der die Akzessorietät aller Sicherungsrechte vorsieht.

Die Sachenrechtsordnungen der Nachfolgestaaten Jugoslawiens sind grundsätzlich kausal ausgestaltet.

III. Import der Sicherungsübereignung in Transformationsstaaten - Einzug von Störfaktoren

A. Erstes Problem: Dualität von Sicherungsübereignung und Registerpfandrecht in den Nachfolgestaaten Jugoslawiens

1. *Begründungen für die Dualität: „Wettbewerb“ der Kreditsicherheiten*

Die ganze Vielfalt an Kreditsicherheiten, wie sie noch z. B. im zweiten serbischen Entwurf des Gesetzbuches über das Eigentum und sonstige dingliche Rechte (nicht aber in dem ihm nachgehenden Entwurf des serbischen Bürgerlichen Gesetzbuches vom 29. Mai 2015) vorgesehen ist, erklären die Gesetzesredakteure damit, dass das Gebiet der Kreditsicherheiten sowohl im Gesetz als auch

---

16 Dazu s. die deutsche Übersetzung zum Art. 657 1. E-SachenRG-Serb in: *gtz/Republika Srbija Ministarstvo Pravde*, Auf dem Wege zu einem neuen Sachenrecht Serbiens, Entwurf eines Gesetzbuches zur Regelung des Eigentums, Beograd: Sanimeks 2007, S. 271 ff., S. 302 ff. M.E. ist der Entwurf recht kompliziert formuliert.

17 Die Vorschrift sollte m. E. geändert werden, denn die Gefahr der Gläubigerbenachteiligung besteht im Zusammenhang mit dem unpublizierten automatischen Erlöschen nicht; vielmehr liegt es im Interesse der Drittgläubiger des Sicherungsgebers, dass Vorrechte ungeachtet einer bestehenden Publikation nicht mehr geltend gemacht werden können, sobald deren Grund nicht mehr besteht.

18 *Miloš Živković*, Gradual Accessority of Security Rights in Real Property, S. 399–412, S. 411 f., in: Mirko Vasiljević/Rainer Kulms/Tatjana Josipović/Maja Stanivuković (Hrsg.), Private Law Reform in South East Europe, Liber Amicorum Christa Jessel-Holst, Belgrade: Faculty of Law University of Belgrade 2010.

in Theorie und Praxis bisher am wenigsten entwickelt sei; es bestehe daher keine Erfahrung mit den einzelnen Kreditsicherheiten. Es solle aus diesem Grund die gesamte Palette der in den kontinentaleuropäischen[19] Rechtsordnungen entwickelten Kreditsicherheiten zur Verfügung stehen, damit sich in der Praxis zeige, welche Kreditsicherheit optimal sei[20].

Es soll also eine Art Wettbewerb stattfinden, in welchem sich weisen soll, welches das beste Sicherungsrecht ist. Dabei wird allerdings übersehen, dass die Sicherungsübertragung nur eine Kompensationsfunktion hat:

2. *Missverständnis: Sicherungsübertragung ist keine Konkurrenz zum Pfandrecht – sie hat Kompensationsfunktion!*

Denn im Gegensatz zum Eigentumsvorbehalt, der beim Lieferantenkredit kein Funktionsäquivalent in beschränkter dinglicher Form hat, lässt sich die Sicherungsübereignung, die sich Banken einräumen lassen[21], durch ein besitzloses Pfandrecht ersetzen.

Das erklärt, warum der Eigentumsvorbehalt im DCFR eine besondere Regelung erhält (DCFR, Buch IX, Art. 1:103), nicht aber die Sicherungsübereignung sowie die Sicherungszession. Diese werden den Regeln über das Pfand unterstellt (DCFR, Buch IX, Art. 1:102 Abs. 3 und 4). Auch Art. 6.1 EBRD Model Law on Secured Transactions, Art. 9 UCC[22], sowie z. B. auch das niederländische Zivilgesetzbuch (BW Art. 3:84 Abs. 3) zeigen, wenn auch in ihrer jeweils eigenen Ausgestaltung, diese Idee; unerheblich ist, dass der niederländische *Hoge Raad* bereits wenige Jahre nach Einführung des Fiduziaverbots im niederländischen Recht „*sale and lease-back*“-Konstruktionen zulässt, die das Fiduziaverbot deutlich schwächen, und der niederländische Gesetzgeber selber in Spezialgesetzen das Fiduziaverbot mildert; denn dies zeigt lediglich, dass die Idee der Ersatzfunktion

---

19 Wie aber das kroatische Recht zeigt, hat auch die Idee von der *floating charge* schon Einzug in Südosteuropa halten können (s. dazu Art. 38 Zakon o upisniku sudskih i javnobilježičnih osiguranja tražbina vjerovnika na pokretnim stvarima i pravima, NN 121/05) – der Blick geht über den Kontinent hinaus.

20 Auf dem Wege zu einem neuen Sachenrecht Serbiens, op. cit. FN 16, S. 181 f.; s. zu einer ähnlichen Begründung für das slowenische Recht *Vrenčur*, op. cit. FN 13, S. 291.

21 *Rolf Serick*, Eigentumsvorbehalt und Sicherungsübertragung, Band II, Die einfache Sicherungsübertragung – Erster Teil, Heidelberg: Verlagsgesellschaft Recht und Wirtschaft mbH 1965, S. 263.

22 Zum US-amerikanischen Recht, das in Art. 9 UCC ein einheitliches Sicherungsrecht vorsieht, s. *Elisabeth Schütze*, Zession und Einheitsrecht, Tübingen: Mohr Siebeck 2005, S. 28 ff.

sich in den Niederlanden nicht durchsetzen konnte[23]. Das Konzept des niederländischen Gesetzgebers bleibt aber immer noch sichtbar.

Auch die historische Entwicklung zeigt auf, was es bedeutet, wenn ein Sicherungsrecht (k)ein Funktionsäquivalent hat:

Im römischen Recht wurde die *fiducia*, die den Ausgangspunkt der Kreditsicherung durch Mobilien gebildet hatte[24], entbehrlich, als ein differenziertes Kreditsicherungssystem entwickelt worden war[25]. Und erst ein Defizit führte später wieder zu ihrer Einführung[26]: In Deutschland wurde die Sicherungsübereignung just dann entwickelt, als es galt, die Abschaffung der Mobiliarhypothek des Gemeinen Rechts zu kompensieren; sie ist seither Teil des Gewohnheitsrechts[27]. Auch das niederländische Recht führte diese Rechtsfigur ein, um so die Probleme, die mit der Einführung des Faustpfandprinzips im niederländischen Recht einhergegangen waren, zu mildern[28].

Einmal wurde also die Sicherungsübertragung überflüssig und musste anderen Sicherungsinstrumenten weichen, das andere Mal hingegen musste sie Defizite kompensieren und drängte andere Sicherungsinstrumente in den Hintergrund. Müsste hingegen im DCFR, im EBRD Model Law on Secured Transactions, in

---

23 Das stille besitzlose Pfandrecht (BW Art. 3:237 Abs. 1) hat die frühere stille besitzlose Sicherungsübereignung sowie die stille, fiduziarische Sicherungszession, die seit der Reform des Burgerlijk Wetboek verboten ist (BW Art. 3:84 Abs. 3), abgelöst; s. dazu *Bob Wessels*, Pfandrecht nach Niederländischem Recht, Zeitschrift für Europäisches Privatrecht (4) 1996, S. 425–443, S. 425 ff., sowie *Willem H. M. Reehuis*, Forderungen als Sicherheit in den Niederlanden, in: Walther Hadding/Uwe H. Schneider (Hrsg.), Die Forderungsabtretung, insbesondere zur Kreditsicherung, in ausländischen Rechtsordnungen, Berlin: Duncker & Humblot 1999, S. 469–508, S. 472. Allerdings ließ der *Hoge Raad* bereits im Jahre 1995 eine Umgehung des Fiduziaverbots zu. Auch hat der niederländische Gesetzgeber selbst den Umfang des Fiduziaverbots mit Spezialgesetzen wieder eingeschränkt, s. dazu *Willem H. M. Reehuis*, Omvang en werking van het Nederlandse „fiducia-verbod", J.S.Afr.L., 1997, S. 66–84, S. 76 ff., sowie *J.H.M. van Erp/L.P.W. van Vliet*, Real and Personal Security, Electronic Journal of Comparative Law, vol. 6.4, December 2002, http://www.ejcl.org/64/art64-7.pdf, S. 115–126, S. 119, S. 126.

24 Für einen kurzen Überblick *Wolfgang Wiegand*, Eigentumsvorbehalt, Sicherungsübereignung und Fahrnispfand, in: Wolfgang Wiegand (Hrsg.), Berner Bankrechtstag, Bd. 5, Bern: Stämpfli 1998, S. 75–132, S. 79.

25 *Wolfgang Wiegand*, Fiduziarische Sicherungsgeschäfte, Zeitschrift des Bernischen Juristenvereins (116) 1980, S. 537–567, S. 543.

26 *Philipp Heck*, Grundriss des Sachenrechts, Tübingen: Verlag von J. C. B. Mohr (Paul Siebeck) 1930, S. 432, nennt dies sehr treffend „Umkehr der Rechtsgeschichte".

27 *Heck*, op. cit. FN 26, S. 432.

28 Dazu s. *van Erp/van Vliet*, op. cit. FN 23, S. 118 f.

Art. 9 UCC oder im neuen niederländischen Burgerlijk Wetboek ein Sicherungsinstrument das Fehlen eines anderen so gut als möglich (aber eben nicht vollkommen) kompensieren oder enthielten diese Regelwerke ein überflüssiges Sicherungsrecht, deutete dies auf ein Fehlkonzept hin.

Aus diesem Grund unterliegen die dual konzipierten Lösungen, wie sie z. T. in den neuen Gesetzen und Gesetzesentwürfen in den Transformationsstaaten vorkommen, einem Begründungszwang. Nicht aber die Lösungen des DCFR, des EBRD Model Law on Secured Transactions, des Art. 9 UCC und des Burgerlijk Wetboek.

B. Zweites Problem: Problematisches Akzessorietätsverständnis

Für das slowenische Recht wird die Dualität von Registerpfandrecht und Sicherungsübereignung auch noch damit begründet, dass neben dem akzessorischen beschränkten dinglichen Recht auch ein nicht-akzessorisches Vollrecht benötigt werde[29]. Denn die Sicherheit solle mehrfach verwendet werden. Auch dieser Forderung liegt ein Missverständnis zugrunde. Denn Akzessorietät erlaubt durchaus eine Mehrfachverwendung einer Sicherheit. Im Folgenden soll dies näher ausgeführt werden:

Akzessorietät resultiert daraus, dass das dingliche Sicherungsrecht in seinem Bestand davon abhängen soll, ob der Zweck, für den es bestellt wurde, existiert (s. dazu auch die Ausführungen im Abschnitt I.). Akzessorietät ist Folge von Zweckausrichtung, ist Folge von Kausalität[30]. Sehr oft ist der Zweck der Besicherung die Rückzahlung eines Darlehens. Soweit die Zweckausrichtung es gebietet, besteht auch Einredegleichheit bei Forderung und dinglicher Sicherheit. Die Zweckausrichtung führt schließlich auch dazu, dass Forderung und dingliche Sicherheit auf einen Dritten übergehen, wenn er die Leistung erhalten soll.

Diese Auffassung von Akzessorietät wird von den Gesetzen und auch den Lehrmeinungen allerdings nur teilweise reflektiert. Vielmehr besteht die Idee, die dingliche Sicherheit sichere nicht die Leistung, sondern die Forderung, und lehne sich an sie an[31].

---

29 *Vrenčur*, op. cit. FN 13, S. 291.

30 Mag das auch im deutschen Recht nicht zum Dogma passen (s. dazu im Detail vorn Abschnitt I.).

31 Dazu s. z. B. *Dieter Zobl/Christoph Thurnherr*, Systematischer Teil Nr. 246, in: Berner Kommentar, Kommentar zum schweizerischen Privatrecht, Band IV, Das Sachenrecht, 2. Abteilung, Die beschränkten dinglichen Rechte, 5. Teilband: Das Fahrnispfand, 1. Unterteilband: Systematischer Teil und Art. 884–887 ZGB, 3. Auflage, Bern: Stämpfli Verlag AG 2010; *Jürgen Baur/Rolf Stürner*, Sachenrecht, 18. Auflage, München: C.H. Beck 2009, § 55 Nr. 4, S. 748 f.

Der Sicherungszweck findet sich allerdings sowohl als Zweck der dinglichen Sicherung als auch als Zweck der Forderung (z. B. der, welche die Rückzahlung des Darlehens sichert). Wird der Zweck erfüllt, d. h. wird die Leistung erbracht, erlöschen sowohl Forderung als auch dingliche Sicherheit. Genau das drückt auch § 1204 Abs. 2 BGB aus: Ist der Zweck erfüllt, wenn eine Leistung erbracht wurde, geht das dingliche Sicherungsrecht unter. Ist der Zweck indes erst dann erfüllt, wenn der Schuldner alle künftigen Leistungen erbracht hat, geht das dingliche Sicherungsrecht erst dann unter.

Ein solches Verständnis von Akzessorietät sorgt für große Flexibilität. Bezüglich des Zwecks, dessen Erreichen dinglich gesichert werden soll, bestehen allerdings Grenzen; er kann nicht beliebig festgelegt werden. Diese Grenzen finden sich dort, wo der Sicherungsgeber und seine ungesicherten Gläubiger unbillig benachteiligt würden (s. dazu § 449 Abs. 3 BGB): Der Verkäuferkonzernvorbehalt ist im deutschen Recht deswegen verboten, weil er bestimmt, dass die Sicherheit solange besteht, als Dritte gegenüber dem Verkäufer nicht die geschuldeten Leistungen erbracht haben. Der Sicherungsgeber und dessen ungesicherte Gläubiger können dies allerdings kaum kontrollieren und auch nicht überprüfen[32]; folglich ist auch eine Ablösung, wie sie § 268 BGB z. B. im Zusammenhang mit dem Drittpfand aufzeigt, kaum möglich. Das Verbot in § 449 Abs. 3 BGB wahrt damit die Natur des Sicherungsrechts: Das Recht soll an den Sicherungsgeber zurückfallen können. Dies sorgt zudem dafür, dass das typische Austauschverhältnis des Kaufvertrages respektiert wird. Diese Idee von der Bewahrung der Natur eines rechtlichen Instruments drückt (allerdings allgemeiner und im Zusammenhang mit AGB) auch § 307 Abs. 2 Ziff. 2 BGB aus.

Bei einem richtigen Verständnis des Verhältnisses zwischen Leistung einerseits sowie Forderung und dinglichem Sicherungsrecht andererseits bestünde die Koppelung folglich auf den Zweck ausgerichtet, differenzierend. Sie könnte sich Akzessorietät nennen (insofern, als zwei Sicherungsrechte – ein dingliches und ein schuldrechtliches – zur Leistung hinzutreten), wobei „Zweckgemeinschaft befriedigungshalber" wohl ein passenderer Ausdruck wäre[33]. Denn Forderungsrecht

---

32 *Baur/Stürner*, op. cit. FN 31, § 59, S. 829, FN 5; *Peter Bülow*, Der erweiterte Eigentumsvorbehalt nach der Insolvenzrechtsreform, Der Betrieb, Heft 43 vom 29.10.1999, S. 2196–2199, S. 2196.

33 *Heck*, op. cit. FN 26, S. 327 ff.; s. auch die Ausführungen von *Klaus Behrens*, Die Rückabwicklung der Sicherungsübereignung bei Erledigung oder Nichterreichung des Sicherungszwecks, Berlin: Duncker & Humblot 1989, S. 77 ff., der darauf hinweist, dass der Sicherungszweck der *causa solvendi* gleicht, da beide einen geschuldeten Erfolg verwirklichen sollen. Allerdings bezeichnet er die Forderung als „führendes Recht",

und dingliches Sicherungsrecht werden begründet, um eine Leistung zu sichern[34]; die Leistung ist der Zweck, der mithilfe von Forderungsrecht und dinglichem Sicherungsrecht erreicht werden soll.

Das ist ein anderes Konzept als dasjenige, das sich in § 1204 BGB und vielen anderen Gesetzen (vgl. z. B. Art. 885 Abs. 1 Schweizer ZGB) findet. Denn diese Vorschriften besagen, dass die Forderung mit einem dinglichen Recht besichert wird[35]. Dies ist irritierend. Denn dieses gesetzlich vorgegebene Konzept vermag z. B. nicht zu erklären, wieso das dingliche Sicherungsrecht bestehen bleiben kann, obschon die Forderung bei Verjährung nicht mehr gerichtlich durchsetzbar ist (§ 216 Abs. 1 BGB, Art. 140 Schweizer OR).

Stets müsste bei der Beurteilung solcher „Gemeinschaften" von dinglichem und schuldrechtlichem Recht also gefragt werden, was deren von den Parteien festgelegter Zweck ist. Das Weiterbestehen dieses Zwecks führt auch zum Weiterbestehen des schuldrechtlichen und dinglichen Rechts zur Sicherung später entstehender oder weiterer Leistungen und zur Mitübertragung eines Rechts, wenn das andere transferiert wird.

Dem Vertrag der Parteien wäre also zu entnehmen, was der Zweck ist, der gesichert werden soll. Erst bei Fehlen oder Undeutlichkeit entsprechender Vertragsbestimmungen würden dispositive Regeln zur Modalität der Koppelung von Leistung mit Forderung und dinglichem Sicherungsrecht führen: Dem Sicherungsgeber muss klar sein, wann der Zweck erreicht ist; auch müssten diesbezüglich Grenzen – wie zu § 449 Abs. 3 BGB ausgeführt – bestehen; d. h. die Parteien sind gehalten, die Sicherungsabrede so zu gestalten, dass das Sicherungsrecht dem Sicherungsgeber wieder zufallen kann (s. dazu auch das verbreitete Verbot der *lex commissoria*, so z. B. in § 1229 BGB).

Ein solches Akzessorietätsverständnis käme ohne (störende) Korrekturmechanismen aus.

C. Drittes Problem: Abstraktion trifft auf Kausalität – Clash der Konzepte

Im deutschen Recht stellen die schuldrechtlichen Rückabwicklungsmechanismen die Regel dar. Folglich scheint es im deutschen Recht nicht systemwidrig zu sein, wenn auch die Sicherungsübertragung einen Kausalitäts- und damit auch

---

Behrens, op. cit. FN 33, S. 79, was die gesetzliche Lösung reflektiert, aber unzulänglich ist (vgl. dazu Art. 140 OR).

34 Dazu s. *Heck*, op. cit. FN 26, S. 327.

35 Zum geschichtlichen Hintergrund dieses Ergebnisses *Heck*, op. cit. FN 26, S. 325 ff.

Akzessorietätsersatz erhält, der nur dann nicht rein schuldrechtlich wirkt, wenn die Parteien den dinglichen Vertrag explizit mit einer Bedingung versehen und so den dinglichen Rückfall auslösen.

Diese Folge ist allerdings für Transformationsstaaten, die den Rücktritt[36] (vgl. dazu Art. 132 Abs. 4 und 5 ZOO-Jug und z.B. der gleichlautende Art. 369 ZOO-Kro) und die Wandelung *ex lege* retroaktiv wirken lassen und damit für ihr Sachenrecht eine ausgeprägte Kausalität erkennen lassen, ein sehr evidentes Problem. Das lässt vermuten, dass die Übernahme eines abstrakt gedachten Sicherungsvollrechts eine große Herausforderung für diese Rechtsordnungen darstellt. Denn wieso soll wie z. B. im slowenischen Recht bei der Sicherungsübertragung die Bedingung bei der Rückabwicklung eine Rolle spielen (Art. 201 Abs. 2 SPZ-Slo), wenn es doch im slowenischen Recht die *causa* gibt? Und wieso sollen schuldrechtliche Rückabwicklungsmechanismen wirken, wo doch die *causa* die Akzessorietät auslöst?

Dass der *clash* der Sachenrechtskonzepte voraussichtlich für große Verwirrung in Transformationsstaaten sorgen wird, zeigt z. B. die Entwicklung des Schweizer Mobiliarsachenrechts sehr eindrücklich auf, das von Anfang an sehr stark von der deutschen Doktrin zum Sachenrecht beeinflusst war. Das Schweizer Sachenrecht scheint zwar kausal ausgestaltet zu sein. Aber bei Lichte betrachtet hat es da die *causa* als Steuerungsmechanismus der Verfügung insgesamt doch recht schwer[37]. Denn der gesetzliche Rücktritt führt nach h.M. nicht zur dinglichen Rückabwicklung[38]. Und selbst bei der Wandelung beim Kauf wird – aus Gründen

---

36 *Slobodan Perović*, Komentar Zakona o Obligacionim Odnosima, Knjiga Prva, Beograd: Savremena Administracija d.d. 1995, Art. 132 Jug-ZOO, S. 259; *Borislav T. Blagojević/ Vrleta Krulj*, Komentar Zakona o Obligacionim Odnosima I, Beograd: Savremena Administracija 1980, Art. 132 Jug-ZOO Nr. 6, S. 345 f.

37 Eindrücklich beschrieben von *August Simonius*, Der Kauf als Mittel der Übertragung und der Verletzung des Eigentums, Vom Kauf nach schweizerischem Recht, Festschrift zum 70. Geburtstag von Prof. Dr. Theo Guhl, Zürich: Polygraphischer Verlag A.G. 1950, S. 41–66, S. 41 ff.

38 Zum Schweizer Recht z. B. *Hugo Oser*, Das Obligationenrecht, Bundesgesetz betreffend die Ergänzung des schweizerischen Zivilgesetzbuches vom 30. März 1911, Art. 1–529, Zürich: Schulthess & Co. 1915, Art. 109 OR Nr. 2 b β, S. 339, sowie *Peter von Tuhr/ Arnold Escher*, Allgemeiner Teil des Schweizerischen Obligationenrechts, 2. Band, 3. Aufl., Zürich: Schulthess Polygraphischer Verlag 1974, S. 156, die von einem Kondiktionsanspruch (mit der dazu gehörigen Verjährungsfrist) ausgehen. Mit BGer. vom 16. Mai 1988, BGE 114 II 152, 158 f., wird festgehalten, dass das Vertragsverhältnis mit dem Rücktritt inhaltlich in ein Liquidationsverhältnis umgewandelt werde; die Verjährungsfrist ist – wie schon unter der davor bestehenden Rechtsprechung – die zehn-

der Harmonie mit dem Rücktritt – von einem Teil der Schweizer Lehre mittlerweile gesagt, sie wirke nicht dinglich[39]. Weiter wird der Eigentumsvorbehalt im Schweizer Recht von einem überwiegenden Teil der Lehre und der Rechtsprechung mit einer Bedingung konstruiert – was bei konsequenter Beachtung der Kausalität unnötig wäre. Zum Teil wird dabei auch noch der dingliche Vertrag ins Spiel gebracht[40].

---

jährige (Art. 127 OR); s. dazu auch *Eugen Bucher*, Schweizerisches Obligationenrecht, Allgemeiner Teil, 2. Aufl., Zürich: Schulthess 1988, S. 337 f. Dazu s. auch *Stephanie Hrubesch-Millauer*, Art. 214 OR Nr. 10, in Marc Amstutz/Peter Breitschmid/Andreas Furrer/Daniel Girsberger/Claire Huguenin/Markus Müller-Chen/Roberto Vito/Alexandra Rumo-Jungo/Anton K. Schnyder (Hrsg.), Handkommentar zum Schweizer Privatrecht, Zürich: Schulthess 2007; s. zum gleichlaufenden österreichischen Recht *Franz Bydlinski*, § 1063 ABGB, S. 450, § 1053 ABGB, S. 136 ff., in: Heinrich Klang/Franz Gschnitzer (Hrsg.), Kommentar zum Allgemeinen Bürgerlichen Gesetzbuch, Vierter Band, Zweiter Halbband, §§ 1045–1089, Wien: Druck und Verlag der Österreichischen Staatsdruckerei 1978; der Verkäufer hat, wenn er zurücktritt, lediglich eine Kondiktionsforderung (*condictio causa finita*) nach den §§ 1435 und 921 Satz 2 ABGB. Dazu s. die Kritik von *Bydlinski*, op. cit. FN 38, § 1063 ABGB, S. 450 ff.

39 Dazu s. *Heinrich Honsell*, Art. 208 OR Nr. 3, in: Heinrich Honsell/Peter Nedim Vogt/Wolfgang Wiegand (Hrsg.), Basler Kommentar, Obligationenrecht I, Art. 1–529 OR, 6. Aufl., Basel: Helbing Lichtenhahn Verlag 2015. Anders BGer. vom 17. Februar 1983, BGE 109 II 26, 30, und zwar aufgrund der Kausalität des Schweizer Sachenrechts; ebenso *Max Keller/Kurt Siehr*, Kaufrecht, 3. Aufl., Zürich: Schulthess Polygraphischer Verlag 1995, S. 88, sowie schon *Simonius*, op. cit. FN 37, S. 53 ff.; dazu auch *Pierre Cavin*, Kauf, Tausch und Schenkung, in: Frank Vischer (Hrsg.), Schweizerisches Privatrecht, Siebenter Band, Obligationenrecht – Besondere Vertragsverhältnisse, Erster Halbband, Basel und Stuttgart: Helbing und Lichtenhahn Verlag AG 1977, S. 1–198, S. 99.

40 Für diese Konstruktion beim Eigentumsvorbehalt: *Paul-Henri Steinauer*, Les droits réels, Tome II, Propriété foncière, Propriété mobilière, Généralités sur les droits réels limités, Servitudes foncières, Stämpfli: Bern 1990, Nr. 2014 f., S. 265; *Bénédict Foëx*, La cédule hypothécaire de registre, in: Die Dienstbarkeiten und das neue Schuldbriefrecht, Einblick in die Revision des Immobiliarsachenrechts/Les servitudes et les cédules hypothécaires à la lumière des nouvelles dispositions du Code civil, Zürich: Schulthess 2012, S. 343–361, S. 346 ff.; *Jörg Schmid/Bettina Hürlimann-Kaup*, Sachenrecht, 4. Aufl., Zürich 2012, § 21 Nr. 1094; vgl. dazu auch die Darstellung bei *Peter Liver*, Das Eigentum, in: Arthur Meier-Hayoz (Hrsg.), Schweizerisches Privatrecht, Fünfter Band, Sachenrecht, Erster Halbband, Basel und Stuttgart: Helbing & Lichtenhahn 1997, S. 1–401, S. 22, S. 332 f. *Liver*, op. cit. FN 40, S. 22 f., zeigt indes, dass er ein anderes Verständnis vom Eigentumsvorbehalt hat, das den Vorstellungen von *Eugen Huber* entspricht; *Peter Tuor/Bernhard Schnyder/Jörg Schmid/Alexandra Rumo-Jungo*, Das Schweizerische Zivilgesetzbuch, 12. Aufl., Zürich/Basel/Genf: Schulthess

Problematisch daran sind wohl gemerkt nicht so sehr die Ergebnisse, sondern vielmehr die Tatsache, dass das Bewusstsein abhandenkommt, wie die einzelnen Faktoren, die die Ergebnisse des geltenden Rechts bewirken, auseinanderzudividieren sind. Die Steuerungsfunktion der *causa* wird übersehen. Damit wird das Sachenrecht „unfassbar", und weitere Fehler gerade auch bei der Gesetzgebung sind vorprogrammiert. Das ist kein unerhebliches Problem.

D. Viertes Problem: Abstraktion gelingt beim Sicherungsrecht selbst im deutschen Recht nicht – Vorbildfunktion fehlt

Was nun kommt, ist bereits angedeutet worden: Das Abstraktionskonzept wird selbst im deutschen Recht übertrieben. Folglich darf das deutsche Recht diesbezüglich kein Vorbild sein.

Bei der endgültigen Übertragung des Eigentums mag es ausreichen, dass sich die Parteien darüber einig sind, dass das Eigentum an einer bestimmten Sache von einer Partei auf die andere übergehen solle (§ 929 BGB). Die Einigung zur Trias Parteien – Objekt – anvisiertes dingliches Recht genügt bei der endgültigen Übertragung von Eigentum. Denn der Eigentumstransfer hat keinen anderen Zweck als den, Sachherrschaft über das von den Parteien bezeichnete Objekt und die damit verbundenen gesetzlich festgelegten Rechte an dem Objekt zu vermitteln (§§ 985 ff. BGB). Es ist insofern absolut. Daher kann bei ihm tatsächlich weitgehend von der schuldrechtlichen *causa* abstrahiert[41] und auf die *causa* im dinglichen Vertrag abgestellt werden.

Im Gegensatz dazu hat das dingliche Sicherungsrecht allerdings eine Relation zu etwas, das nicht standardisiert ist[42]; es hat eine Beziehung zur Leistung und wird dadurch geprägt. Um das dingliche Sicherungsrecht zu begründen, reicht es also nicht aus, dass sich die Parteien darüber einig sind, dass abstrakt ein bestimmtes dingliches Sicherungsrecht an einem bestimmten Objekt bestellt werde (so aber der problematische, vom deutschen Recht inspirierte Art. 201 Abs. 2

2002, § 100, S. 904 m.H. in Anm. 12; *Wilhelm Schönenberger/Peter Jäggi*, Kommentar zum Schweizerischen Zivilgesetzbuch, Obligationenrecht, Allgemeine Einleitung, einschliesslich Internationales Privatrecht, Vorbemerkungen vor Art. 1 OR, Kommentar zu den Art. 1–17 OR, 3. Aufl., Zürich 1973, Art. 10 OR Nr. 95, verwenden den dinglichen Vertrag ebenfalls.

41 Dazu s. *Wendt*, op. cit. FN 6, S. 37 ff.

42 *Michaels*, op. cit. FN 4, S. 255 weist darauf hin, dass die Forderung nicht etwa weniger ist als das Eigentum, sondern mehr. Das Pfandrecht, das zweckgebunden ist, enthält insofern ebenfalls ein Plus gegenüber dem Eigentum. Es sichert – wie die Forderung auch – das Erbringen einer Leistung.

Satz 2 SPZ-Slo). Vielmehr wird der jeweilige besondere Sicherungszweck Teil des dinglichen Rechts (s. dazu auch die Ausführungen im Abschnitt I.).

So vermittelt das Pfandrecht als typisches dingliches Sicherungsrecht dem Sicherungsnehmer neben dem Pfandbesitz u. a. auch das Recht, die verpfändete Sache zu verwerten und sich aus dem Erlös zu befriedigen (§ 1204 Abs. 1 BGB). Unter welchen Umständen das Sicherungsrecht ent- und bestehen soll, legt der Pfandvertrag fest: Es kann sein, dass lediglich eine ganz bestimmte bereits bestehende Leistung gesichert wird; es kann sein, dass es mehrere sein sollen, die erst in der Zukunft entstehen werden[43] (vgl. dazu § 1204 Abs. 2 BGB und die dazu ergangene Rechtsprechung[44]), sodass das Pfandrecht zwar (sobald der Grund für die zu besichernde Leistung besteht) bestellt werden kann und einen Rang erhält (§ 1209 BGB), aber mangels Existenz (und „Forderbarkeit") der zu besichernden Leistungen noch nicht wirken kann[45].

Es kommt also, wenn man die Pfandrechtsbestellung mit der einfachen, reinen, endgültigen Eigentumsübertragung vergleicht, ein wichtiges Element hinzu: der Zweck der Bestellung des Pfandrechts[46]. Die Abstraktion gelingt aus diesem Grund nicht. Das Pfandrecht ist stets kausal. Das muss auch für die Sicherungsübertragung und das vorbehaltene Eigentum im deutschen Recht gelten. Die Abstraktion kann selbst im deutschen Recht nicht das Konzept der dinglichen Sicherheiten sein. Die zwangsläufige Kausalität, die Ausrichtung des Sicherungsrechts auf die Besicherung einer Leistung, führt auch zu dessen grundsätzlicher Mitübertragbarkeit. Nur wo Abstraktion wie z.B. bei der reinen Grundschuld passt, weil auch da wie bei der endgültigen Eigentumsübertragung die Einigung

43 Zum Schweizer und österreichischen Recht s. *Helmut Koziol*, Sicherungszession und andere Mobiliarsicherheiten aus rechtvergleichender Sicht, in: Wolfgang Wiegand (Hrsg.), Mobiliarsicherheiten, Berner Bankrechtstag Bd. 5, Bern 1998, S. 19–41, S. 20, m.w.H.

44 Dies wird als Ausnahme vom Akzessorietätsgrundsatz verstanden, dazu s. *Olaf Sosnitza*, § 1204 BGB Nr. 18, in: Bamberger/Roth, Kommentar zum Bürgerlichen Gesetzbuch: BGB, 3. Aufl., München: C.H. Beck 2012. Denn schon mit der Bestellung entsteht für den Gläubiger das Pfandrecht; dazu s. BGH, Entscheidung vom 26. Januar 1983 – VIII ZR 257/81, BGHZ 86, 340, 347 = NJW 1983, 1123, 1125; BGH, Entscheidung vom 29.11.1984 – IX ZR 44/84, BGHZ 93, 71, 76 = NJW 1985, 863, 864, und die Rangwirkung tritt ein (§ 1209 BGB). Ein Verwertungsrecht besteht da aber natürlich nicht.

45 *Philipp Heck*, Grundriss des Sachenrechts, Tübingen: Verlag von J. C. B. Mohr (Paul Siebeck) 1930, S. 417.

46 Dazu s. auch *Walter Zeiss*, Der rechtliche Grund (§ 812 BGB) für Schuldanerkenntnisse und Sicherheitsleistungen, AcP 164 (1964), S. 50–77, S. 66 f.; zusammenfassend *Becker-Eberhard*, op. cit FN 6, S. 141.

zur Trias Parteien – Objekt – anvisiertes dingliches Recht zur Bestimmung aller Rechtsfolgen ausreicht, ist sie sinnvoll[47]. Die Sicherungsgrundschuld hingegen kann nicht abstrakt sein.

Das bedeutet, dass mit der Übernahme der „besitzlosen“ und abstrakt gedachten Sicherungsübertragung aus dem deutschen Recht ein höchst problematisches Konzept in das Recht von Transformationsstaaten eingeführt wird. Ein Konzept, das nicht einmal in seiner Ursprungsrechtsordnung schlüssig begründet werden kann. Auch wenn eine Begründung im deutschen Recht insbesondere dadurch versucht wird, dass der Blick bei der Sicherungsübertragung auf die Konstruktion (Eigentum) und nicht die Funktion (Sicherheit) des Rechts gerichtet wird. Diese Sichtweise wird auch noch dadurch gestützt, indem die Akzessorietät als rein gesetzlich vorgesehener Mechanismus verstanden wird, der mit der Kausalität nichts zu tun haben soll (s. dazu vorn Abschnitt I.). Auch dadurch besteht die Gefahr, dass das Konzept des Sicherungsrechts nicht mehr richtig verstanden wird.

E. Fünftes Problem: die Crux mit dem Anwartschaftsrecht

Wird die Sicherungsübertragung (was sehr oft geschieht) mit einem dinglichen Rückfallmechanismus versehen, kommt das „Anwartschaftsrecht“ ins Spiel. Denn der Sicherungsgeber hat bezüglich des Rechts an der Sache fast eine Vollrechtsposition, deren Zustandekommen lediglich davon abhängt, ob er seinen Teil erfüllt. Es fehlt nicht viel, dass er das Vollrecht wieder erhält.

Da das BGB sich darauf beschränkt, nur gerade Aspekte des Schutzes des Sicherungsgebers (bei der resolutiv-bedingten Sicherungsübereignung) bzw. des Vorbehaltskäufers (beim suspensiv-bedingten vorbehaltenen Eigentum) zu regeln (§ 161 BGB), blieben im deutschen Recht folgende Fragen zu lösen, die nachfolgend so formuliert werden, wie sie sich aus der „Anwartschaftslehre“ ergeben[48]:

a) die Frage der freien Verfügbarkeit (ohne die Zustimmung des Sicherungsnehmers) des künftigen eigenen Rechts: Es geht um die Zulässigkeit, die Form und Wirkung bei der Übertragung des künftigen eigenen Rechts (z.B.

---

47 Realobligationen, die für sich alleine stehen, sind die schweizerische Gült (Art. 847 Abs. 3 ZGB) und ebenso die Grundschuld (§ 1113 BGB mit § 1191 BGB, wo der Zusatz „zur Befriedigung wegen einer ihm zustehenden Forderung“ fehlt), *Heck*, op. cit. FN 45, S. 321 Nr. 7; *Wendt*, op. cit. FN 6, S. 38 f.

48 Schon *Eberhard Eichenhofer*, Anwartschaftslehre und Pendenztheorie, AcP 185 (1985), S. 162–201, S. 167 f., weist darauf hin, dass derartige Problembeschreibungen die Lösung des Problems präjudizieren.

als Kreditsicherungsmittel) an einen Dritten durch den Berechtigten, d.h. den unmittelbar besitzenden Sicherungsgeber bzw. den Vorbehaltskäufer;

b) die Frage der vermögensrechtlichen Zuordnung des künftigen eigenen Rechts zum Berechtigten (d.h. zum Sicherungsgeber): Es geht um die Möglichkeit der Gläubiger des Sicherungsgebers, das Recht ihres Schuldners mit Pfändungspfandrechten zu belasten und zu ihren Gunsten zu verwerten[49];

c) der Schutz der Rechtsposition des Sicherungsgebers vor Übergriffen Dritter[50] (§ 823 Abs. 1 BGB) sowie

d) die Frage der Nutzungsbefugnis des Sicherungsgutes bis zum Eintritt des Volleigentums.

Im deutschen Recht ist versucht worden, diese Probleme mithilfe der „Anwartschaftslehre" zu lösen. Diese Lehre hat in Deutschland natürlich nicht nur Anhänger gefunden[51]. Aus Platzgründen sollen hier dazu keine langen Ausführungen gemacht werden: Es soll genügen, dass die quasi-mathematischen Herleitungen der Ergebnisse anhand der „Anwartschaftslehre" der Begriffsjurisprudenz alle Ehre machen und kaum nachvollziehbar sind.

Das ist natürlich schon für das deutsche Recht ein Problem. Es ist aber noch ein viel größeres Problem für eine importierende Rechtsordnung, für die diese Lehre kaum nachvollziehbar sein dürfte: Da sich Sicherungsübertragung und Eigentumsvorbehalt in sehr vielen Gesetzen von Transformationsrechtsordnungen finden, kommen die Fragen, die im deutschen Recht in diesem Zusammenhang auftauchen, auch da ins Spiel[52] – und ebenso die eigenartigen Begründungen, die das

---

49 Dazu s. *Eichenhofer*, op. cit. FN 48, S. 167; dazu sehr instruktiv und kritisch *Kupisch*, S. 417 ff., zu zwei widersprüchlichen Entscheiden des BGH (BGH, Urteil vom 22. Februar 1956, IV ZR 164/55 – BGHZ 20, 88 ff.; BGH, Urteil vom 10. April 1961 – VIII ZR 68/60 – BGHZ 35, 85), die die Grenzen der Lehre vom Anwartschaftsrecht aufzeigen; s. auch *Matthias Armgardt*, Die Pendenztheorie im Vergleich mit dem Anwartschaftsrecht, der Lehre von der Vorausverfügung und der Lehre vom besitzlosen Pfandrecht, AcP 206 (2006), S. 654–682, S. 654 ff., der sich darüber hinaus auch mit BGH, Urteil vom 12. Februar 1992, – XII ZR 7/91 – BGHZ 117, 200 ff., auseinandersetzt.

50 Dazu s. *Eichenhofer*, op. cit FN 48, S. 167.

51 Dazu s. z.B. *Ludwig Raiser*, Dingliche Anwartschaften, Tübingen: J.C.B. Mohr (Paul Siebeck) 1961, S. 3; *Gerhard Lempenau*, Direkterwerb oder Durchgangserwerb bei Übertragung künftiger Rechte, Bad Homburg v.d.H./Berlin/Zürich: Verlag Gehlen 1968, S. 21; *Eichenhofer*, op. cit. FN 48, S. 163 ff.; s. zu den verschiedenen Theorien *Armgardt*, op. cit. FN 49, S. 654 ff. S. zum Thema statt vieler auch z.B. *Baur/Stürner*, op. cit. FN 31, § 59 IV, S. 843 ff.

52 Dazu s. z.B. den Aufsatz über den Treuhandvertrag im kroatischen Recht von *Petar Radošević*, Ugovor o povjerenstvu (Treuhand), PUG 3/2011, S. 674–691, S. 674 ff.

deutsche Recht für die Lösungen entwickelt hat. Ja, die Rechtsfigur „Anwartschaft" ist schon Bestandteil des kroatischen Rechts geworden. Sie findet sich da nicht nur im Sachenrechtsgesetz und im Zwangsvollstreckungsgesetz. Im Zusammenhang mit einer Pfändung der „Anwartschaft" ist dazu in Kroatien auch schon gerichtlich entschieden worden[53]. Diesem Urteil lässt sich keineswegs eine reflektierte Auseinandersetzung mit dem Thema entnehmen. Zu nachvollziehbaren Ergebnissen für die oben erwähnten Fragen kann aber nur dann gelangt werden, wenn nicht auf Prämissen einer eigentlichen „Anwartschaftsrechtslehre" oder einer anderen Theorie gegriffen wird, sondern – frei topisch – die konkurrierenden Interessen gewichtet und gegeneinander abgewogen werden und so entschieden wird, wer aus welchem Grund wie an einem bestimmten Gegenstand berechtigt ist[54] – wenn auch unter strikter Beachtung des Bedingungsmechanismus[55], dessen „Schalthebel" bestimmt, ob die Berechtigung noch beim ursprünglichen oder aber schon beim künftigen Vollrechtsinhaber bestehen kann. Damit wird den überlasteten Gerichten allerdings sehr viel zugemutet. Zudem erfordert die Entwicklung und Weiterentwicklung von Lösungen auch, dass Urteile (anders als in den Nachfolgestaaten Jugoslawiens üblich ist) mehr als nur eine kurze Zusammenfassung des Sachverhalts, der Rechtsfragen und der Entscheidbegründung enthalten.

Wie stark schlussendlich ein Bedürfnis nach sehr ausgefeilten, facettenreichen „wiederverwertbaren" Lösungen und Theorien auch in den Transformationsstaaten besteht, die die Rechtsfigur der Sicherungsübereignung aus dem deutschen Recht übernommen haben, hängt indes vor allem von der Nachfrage, von wirtschaftlichen Faktoren ab, die dem Recht Lösungen abringen. Erst wenn sich im Verkehr der Transformationsstaaten ein großes Bedürfnis nach der Inanspruchnahme einer solchen Rechtsposition durch Dritte ergeben sollte, wird es auch zu einer entsprechenden Rechtsentwicklung kommen. Dass ein solcher Zusammenhang besteht, zeigt das Beispiel der Schweiz auf, wo es mangels eines entsprechenden Bedürfnisses nie zur Entwicklung einer eigentlichen Anwartschaftslehre gekommen ist[56].

---

53 Županijski sud u Virovitici br. Gž-954/2005.

54 So zu Recht *Harm Peter Westermann*, § 161 BGB Nr. 6, in: Franz Jürgen Säcker/Roland Rixecker (Hrsg.), Münchener Kommentar zum Bürgerlichen Gesetzbuch, Band 1, Allgemeiner Teil, §§ 1–240, ProstG, AGG, 6. Aufl., München: C.H. Beck 2012. Zu dem Ganzen s. auch *Peter Bülow*, Recht der Kreditsicherheiten, Sachen und Rechte, Personen, 7. Aufl., Heidelberg: C. F. Müller Verlag 2007, S. 235 ff., Nr. 771 ff.

55 *Serick*, op. cit. FN 7, S. 253.

56 Dazu z.B. *Werner Scherrer*, Art. 715/716 ZGB Nr. 96 f., in: Robert Haab/August Simonius/Werner Scherrer/Dieter Zobl (Hrsg.), Kommentar zum Schweizerischen

IV. Zusammenfassung

Der Import der abstrakt gedachten Sicherungsübereignung aus dem deutschen Recht in die Rechtsordnungen der Transformationsstaaten ist aus mehreren Gründen höchst problematisch:

- Wird eine Dualität von Registerpfandrecht und Sicherungsübereignung vorgesehen, damit die Praxis entscheide, welche Kreditsicherheit die bessere sei, so wird damit übersehen, dass die Sicherungsübertragung eine bloß kompensatorische Funktion hat. Daher hat nur der Eigentumsvorbehalt als Vollrecht im DCFR eine besondere Regelung erhalten (DCFR, Buch IX, Art. 1:103), nicht aber die Sicherungsübertragung. Und die *fiducia* verschwand im römischen Recht, als das Pfandrecht entwickelt wurde. Sie tauchte erst wieder auf, als es im deutschen und z. B. auch im niederländischen Recht galt, die Abschaffung der Mobiliarhypothek des Gemeinen Rechts zu kompensieren.
- Wird die Notwendigkeit der Sicherungsübertragung damit begründet, dass neben dem akzessorischen beschränkten dinglichen Recht auch ein nicht-akzessorisches Vollrecht benötigt werde, so zeigt das auf, dass die Bedeutung der Akzessorietät nicht richtig verstanden wird. Akzessorietät ist die Folge von Zweckausrichtung, ist die Folge von Kausalität. Wird also der Zweck der dinglichen Sicherheit von den Parteien entsprechend definiert, kann das (Weiter-) Bestehen des Zwecks auch zum (Weiter-)Bestehen des dinglichen Rechts zur Sicherung später entstehender oder weiterer Leistungen und zur Mitübertragung des dinglichen Rechts führen, wenn die Forderung transferiert wird. Es ist nicht notwendig, dafür die Abstraktion einzuführen.
- Die Übernahme eines abstrakt gedachten Sicherungsvollrechts stellt zudem eine große Herausforderung für die kausal konzipierten Nachfolgestaaten Jugoslawiens dar. Denn wieso soll wie z. B. im slowenischen Recht bei der Sicherungsübertragung die Bedingung bei der Rückabwicklung eine Rolle spielen (Art. 201 Abs. 2 SPZ-Slo), wenn es doch im slowenischen Recht die *causa* gibt? Und wieso sollen schuldrechtliche Rückabwicklungsmechanismen wirken, wo doch die *causa* die Akzessorietät auslöst? Wird das transferierte Konzept

---

Zivilgesetzbuch, IV. Band: Das Sachenrecht, Erste Abteilung, Das Eigentum, Art. 641 bis 729, 2. Aufl., Zürich: Schulthess Polygraphischer Verlag 1977; *Dieter Zobl*, Zur Rechtsfigur der Anwartschaft und zu deren Verwendbarkeit im schweizerischen Recht, in: Peter Forstmoser/Walter R. Schluep, Freiheit und Verantwortung im Recht, Festschrift zum 60. Geburtstag von Arthur Meier-Hayoz, Bern: Verlag Stämpfli & Cie AG 1982, S. 495–525, S. 524 f.; *Liver*, op. cit. FN 39, S. 340 nimmt eher beiläufig auf „die Anwartschaft" Bezug.

unreflektiert übernommen, droht also die Gefahr, dass das Verständnis für die grundlegenden Weichenstellungen im eigenen Sachenrecht verloren geht. Das Schweizer Recht, von dem gesagt wird, es sei kausal, das aber Denkfiguren aus dem deutschen Recht übernommen hat und oft unreflektiert verwendet (so z. B. die Bedingungskonstruktion beim Eigentumsvorbehalt, den dinglichen Vertrag und die rein schuldrechtlichen Wirkungen bei Rücktritt und der Wandelung beim Kauf), zeigt sehr deutlich auf, dass das eigentliche Problem nicht die Lösungen sind, sondern vielmehr das Fehlen des Bewusstseins zum Warum und Woher der Lösungen.

- Selbst im deutschen Recht gelingt die Abstraktion lediglich beim reinen Eigentumstransfer bzw. bei der reinen Grundschuld. Denn das Sicherungsrecht hat notwendigerweise immer einen Bezug zu der Leistung, da es diese besichert. Mit der Übernahme der Abstraktion bei Sicherungsrechten wird also zwangsläufig ein Konzept übernommen, das richtig besehen nicht einmal für das deutsche Recht schlüssig begründet werden kann. Wird dies übersehen, kann sich dies negativ auf das Verständnis ganz grundsätzlicher Fragen des Kreditsicherungsrechts auswirken.
- Wird die Sicherungsübertragung wie im deutschen Recht mit einem dinglichen Rückfallmechanismus versehen, kommen schließlich Fragen rund um eine „Anwartschaft" vermehrt auf: Der Sicherungsgeber hat bezüglich des Rechts an der Sache beinahe eine Vollrechtsposition, deren Realisierung lediglich davon abhängt, ob er seinen Teil erfüllt. Das nennt sich Anwartschaft. Im deutschen Recht ist eine „Anwartschaftslehre" entwickelt worden, anhand derer z. B. die Frage beantwortet werden soll, ob das Anwartschaftsrecht auf einen Dritten übertragen werden kann. Problematisch an dieser Lehre ist, dass sie sich statt eines topischen Ansatzes einen quasi-mathematischen, begriffsjuristischen zu Eigen macht. Eine Übernahme dieser Lehre kann nur für Verwirrung sorgen. Aber auch das Verfolgen des topischen Ansatzes im Zusammenhang mit der „Anwartschaft" ist angesichts der chronischen Überlastung der Gerichte in den Nachfolgestaaten Jugoslawiens und der Tatsache, dass Entscheide da nur eine kurze Zusammenfassung von Sachverhalt, Rechtsfragen und Begründung enthalten, kaum durchführbar. Denn so können auch Prozessanwälte kaum herausfinden, aus welchen Gründen ein Entscheid gefällt wurde.

Es empfiehlt sich daher, die Sicherungsübertragung nicht zu kodifizieren. Für den Entwurf des serbischen Bürgerlichen Gesetzbuches vom 29. Mai 2015 ist diesbezüglich aus meiner Sicht der richtige Entscheid gefällt worden.

RA Dr. Stefan Pürner*

Rechtstransformation auf dem Gebiet der Eigentumsordnung als nicht linearer Prozess am Beispiel des Notariats

A. Einleitung

Der Erfolg der Transformation beurteilt sich nicht nur danach, ob bestimmte Rechtsinstitute eingeführt wurden. Er kann auch nicht nur daran gemessen werden, ob und wie diese neu geschaffenen Möglichkeiten unmittelbar nach ihrer Einführung in der Praxis angemessen genutzt und angewandt werden. Hinzukommen muss noch, dass die erforderlichen Rahmenbedingungen nicht nur geschaffen werden, sondern auch stabil erhalten bleiben.

Eine der wesentlichen Rahmenbedingungen für Rechtssicherheit im Immobiliarsachenrecht ist – zumindest nach kontinentaleuropäischer Sichtweise – das Notariat in seiner Funktion als vorsorgende Rechtspflege. Ebenso trägt ein beste-

---

* Die in diesem Beitrag vertretenen Auffassungen sind ausschließlich diejenigen des Verfassers.

hendes Grundbuchrecht zu entsprechenden Rahmenbedingungen bei. Die Entscheidung zur Einführung eines (und, wie wir noch sehen werden: Beibehaltung des einmal eingeführten) Notariats ist nicht nur eine rechtsdogmatische, sondern sie berührt auch eine Vielzahl von berufsständischen – und damit letztlich auch finanziellen – Interessen. Dies soll nachfolgend anhand einiger praktischer Beobachtungen aus verschiedenen Staaten Südosteuropas verdeutlicht werden. Deshalb werden diese Ausführungen weniger rechtsdogmatisch oder wissenschaftlich sein, sondern sich primär auf die Darstellung von Tatsachen (und einige Mutmaßungen über die Hintergründe) beschränken. Insofern hat dieser Beitrag eher journalistischen Charakter.

Hierbei wird die (Wieder)Einführung des Notariats in diesen Staaten[1] betrachtet, da sie ein gutes Beispiel dafür ist, dass im Rahmen der Rechtstransformation manche Dinge wesentlich anders „laufen" können, als man es aufgrund der objektiven Umstände eigentlich erwarten würde. Wie sogleich noch gezeigt werden wird, waren die Vorbedingungen in den Nachfolgestaaten des ehemaligen Jugoslawiens eigentlich sehr günstig. Dennoch dauerte es in den meisten der dortigen Staaten etliche Zeit, bis dieser wichtige Reformschritt in Angriff genommen wurde. Und nun, einige Jahre später, bietet sich das chaotische Bild einer in Erosion befindlichen Institution.

B. In den ehemals jugoslawischen Staaten bestanden eigentlich ideale Vorbedingungen und erheblicher Bedarf für die Einführung des lateinischen Notariats

Dies ist umso erstaunlicher, als in den Staaten des ehemaligen Jugoslawiens eigentlich ideale Vorbedingungen für das lateinische Notariat bestanden. Dies sowohl bezüglich des Bedarfs für diese Institution wie auch hinsichtlich der zu erwartenden Akzeptanz und der Konformität mit der bisherigen Rechtstradition.

1. „Gefahrengeneigtes" Sachenrecht

(a) *Kennzeichen.* Prägend für diese Vorbedingungen auf der Bedarfsseite waren (und sind) insbesondere ungeordnete und schlecht dokumentierte Rechtsverhältnisse an Grundstücken, die noch dazu durch die Besonderheiten sozialistischer Rechtsinstitute geprägt waren. Dies war im ehemaligen Jugoslawien das „gesell-

---

1 Vgl. zur Unterstützung der (Wieder)Einführung des Notariats in den Reformstaaten allgemein *Stefan Zimmermann*, Die internationale rechtliche Zusammenarbeit im Notariat, in notar 10/2012, S. 312 ff.

schaftliche Eigentum", das sich wesentlich vom Staatseigentum in den Staaten sowjetkommunistischer Prägung unterschied.[2][3] Außerdem wurden die Evidenzen bezüglich der Grundstücke während des Sozialismus kaum fortgeführt. Zudem wurden Grundstücksverträge aus steuerlichen Gründen häufig nicht schriftlich abgefasst. Schließlich kam es auch in Jugoslawien zu zwangsweisen Enteignungen, ohne dass in allen Nachfolgestaaten bislang schon die Frage der Restitution geregelt wäre.[4] Dies machte (und macht) Grundstücksgeschäfte noch gefährlicher, als sie es ohnehin schon sind. Deshalb bestand dort mit dem Ende des Sozialismus ein erhebliches Interesse an einer vorsorgenden Rechtspflege durch entsprechend qualifizierte Berater in diesem Bereich.[5]

(b) *„Dialyse" als Zusatzaufgabe des Notariats.* Die Aufgaben der notariellen Begleitung von Grundstücksgeschäften gehen unter diesen Bedingungen weit über das anderswo Übliche hinaus. Notwendig ist es nämlich nicht nur, die Interessen der Vertragsparteien eines konkreten Rechtsgeschäftes zu schützen. Die Überprüfung der rechtlichen Gegebenheiten von Grundstücken (und gegebenenfalls die

---

2 Vgl. zum Rechtsinstitut des gesellschaftlichen Eigentums *Stefan Pürner*, Die GmbH als neu geschaffene Form ausländischer Investition in Jugoslawien: Vorbedingungen, gesetzliche Regelungen, rechtliche Probleme (Diss.), Regenburg 1991, S. 8 ff; sowie zu den Problemen, die diese Eigentumsform in der Rechtstransformation verursacht: *Meliha Povlakić*, Transformacija stvarnog prava u Bosni i Hercegovini (Die Transformation des Sachenrechts in Bosnien und Herzegowina) (Diss.), Sarajevo 2009, sowie zum selben Thema (in deutscher Sprache) *Iset Morina*, Die Entwicklung des Immobilienrechts im Kosovo (Diss), Hamburg 2007, S. 100 ff. und 37 ff. Die letztgenannte Arbeit behandelt zwar primär das Kosovo, geht dabei aber auch auf die Entwicklungen und Gegebenheiten zu dessen jugoslawischen Zeiten ein.

3 Bezeichnend für dieses Eigentum war, dass es „svačji i ničji" („ jedermanns und niemands") war, also keinen Titular besaß. Deshalb konnte daran kein Eigentum, sondern nur spezifische Rechte, die ebenso *sui generis* waren wie das gesellschaftliche Eigentum, erworben werden.

4 Vgl. zur Situation in Kroatien *Karolina Mihaljević*, Kroatiens langer Weg zur Restitution: Das Gesetz zur Entschädigung des zur Zeit der kommunistischen Herrschaft entzogenen Vermögens (Diss), Berlin 2006, online unter http://www.diss.fu-berlin.de/diss/receive/FUDISS_thesis_000000002087 herunterladbar.

5 Der Verfasser fühlt sich in dieser Auffassung auch durch die Ausführungen von Dr. *Nataša Hadžimanović* in ihrem Referat über die Einführung abstrakt gedachter Sicherungsübertragungen in kausal konzipierten Rechtsordnungen als Störfaktoren bestätigt. Ihn ihm wurden ebenfalls Fälle geschildert, in denen neue Rechtsinstitute die Praxis, in diesem Falle die Richter (die ja eigentlich zu den am besten qualifizierten Juristen gehören sollten), überfordern.

Beseitigung entsprechender Probleme) bei Gelegenheit eines einzelnen Rechtsgeschäfts leistet nämlich auch einen Beitrag zur allgemeinen Verbesserung der Rechtssicherheit in diesem wirtschaftlich sehr bedeutenden Gebiet. Das Notariat kann in dieser Situation also zu einer Art Dialysestation werden, in der nacheinander, Transaktion für Transaktion, die „Verunreinigung" der Grundstücke durch unsaubere rechtliche Vorgänge in der Vergangenheit beseitigt werden.

2. „Gefahrengeneigtes" Gesellschaftsrecht und Mangel an spezialisierten Juristen

Und auch Rechtsgeschäfte und Rechtshandlungen im Bereich des Gesellschaftsrechts waren diesen Staaten gefährlicher, als dies in stabilen westlichen Rechtssystemen der Fall ist. Ein Gesellschaftsrecht im klassischen Sinne war während des Sozialismus nämlich unbekannt.[6] Dementsprechend waren auch die diesbezüglichen Vorkenntnisse der Juristen allgemein eher gering. Hinzu kommt, dass Rechtsanwälte dort auch heute noch überwiegend als Generalisten, salopp auch „Wald-und-Wiesen-Anwälte" genannt, tätig sind. Dies erschwert die Spezialisierung in so haftungsträchtigen Bereichen wie dem postsozialistischen Immobiliarsachenrecht und dem Gesellschaftsrecht. Hierbei bestehen mitunter bereits Schwierigkeiten im Umgang mit den Grundbegriffen und grundlegenden Prinzipien. Der Verfasser dieser Zeilen musste als anwaltlicher Berater bei Joint Ventures beispielsweise erleben, dass gestandene Juristen Schwierigkeiten mit der Unterscheidung des Gesellschaftsvermögens auf der einen und des Stammkapitals einer Gesellschaft auf der anderen Seite hatten. Besondere Schwierigkeiten stellten und stellen sich bei Juristen aus diesen Ländern im Zusammenhang mit der Vertragsfreiheit im Gesellschaftsrecht und deren Grenzen. Auch großer, von Gericht zu Gericht unterschiedlicher Formalismus, der keinerlei rechtliche Grundlage hatte, erschwerte Gesellschaftsgründungen.[7]

6 Vgl. dazu *Pürner* (Anm. 1), S. 16 ff.

7 Vgl. dazu auch *Pürner* (Anm. 1), S. 16 ff. So forderten einige Registerrichte in Bosnien und Herzegowina, dass in den Gründungsdokumenten einer GmbH (erforderlich waren ein Gründungsvertrag und eine gesonderte Satzung) in der Vertrags- bzw. Satzungsbestimmung bei der Angabe des Sitzes auch die genaue Adresse enthalten sein sollte, was bei einer Adressänderung selbst innerhalb derselben Gemeinde regelmäßig eine förmliche Änderung auch dieser Dokumente zur Folge hatte. Außerdem war in vielen Fällen die Angabe der genauen Adresse auch für Zwecke beispielsweise der Zustellung oder Zwangsvollstreckung nicht eben hilfreich, da in Ermangelung einer offiziellen Zählung in der Region nach dem Straßennamen häufig nur der Zusatz „b.b." (bez broja = ohne Hausnummer) verwendet wird.

Bedenken sollte man auch, dass diese Generalisten gezwungen sind, auch die zahlreichen, teilweise grundlegenden Änderungen in den anderen Rechtsgebieten zu verfolgen und sich diesbezüglich weiter zu qualifizieren. Hierbei geht es nicht nur um die Aktualisierung und Fortschreibung des bisherigen Rechtes, sondern um teilweise dramatische Systemwechsel. Im Bereich des Strafprozessrechtes etwa stellen sich durch die Einführung hybrider Strafprozessordnungen, die Institute aus dem kontinentaleuropäischen Recht und dem Common Law in eigentümlicher Weise kombinieren, ganz neuartige Fragen, die sich auch unter Rückgriff auf die „Ursprungsrechte" kaum befriedigend lösen lassen

Zusammenfassend wird man zur Bedarfsseite also sagen können, dass man in diesen Ländern auf ein besonders „gefahrengeneigtes" Recht und auf eine für die diesbezüglichen Herausforderungen nur äußerst mangelhaft vorbereitete Juristenschaft trifft. Dies ist eine Situation, die es mehr als nahe legt, die Beratung bestimmter Rechtsgeschäfte einem spezialisierten Berufsstand, der durch seine Spezialisierung auch die Möglichkeit hat, sich vertieft in die diesbezügliche Problematik einzuarbeiten, zu übertragen. Dies auch im Hinblick auf die für die Wirtschaft dieser Länder so wichtigen ausländischen Investoren. Mit anderen Worten: Es gibt wohl selten eine Situation, in der die Einführung des lateinischen Notariats sich so aufdrängen würde wie hier!

3. Lateinisches Notariat in Jugoslawien kein historisches Novum

Hinzu kommt noch ein anderes: Das Notariat ist in den Staaten des ehemaligen Jugoslawiens kein Novum, sondern es wurde bereits während des Königreichs Jugoslawien eingeführt[8]. Es handelt sich also um eine Institution, die es schon gab, bevor durch den Sozialismus die rechtliche Kontinuität unterbrochen wurde. Insofern stellt die (Wieder)Einführung des Notariats eher eine Restauration als eine Transformation dar. In einigen Teilgebieten des früheren Gesamtstaates geht die Notartradition sogar noch weiter, nämlich bis in das 11. Jahrhundert zurück[9]. Auch gibt es Schrifttum zum Notariat in den Sprachen der Region, das teilweise auch im Internet zugänglich ist. Von daher wäre also zu erwarten gewesen, dass die Wiedereinführung des lateinischen Notariats auf breite Zustimmung stoßen

8 Zakon o javnim beležnicima 1930.

9 Vgl. *Milan Sufflay*, Povijest hrvatskog notarijata od XI. do XV. Stoljeca (Die Geschichte des kroatischen Notariats vom XI. bis zum XV. Jahrhundert), Zagreb 2000. Bei diesem Buch handelt es sich um die Übersetzung der 1904 in Wien in deutscher Sprache unter dem Titel „Die dalmatinische Privaturkunde" erschienenen Dissertation des Autors. Übrigens waren die ersten *skriptori* in Zadar und Dubrovnik Geistliche (aaO, S. 28).

wird. Schließlich herrschte ja zumindest in reformfreudigen Kreisen Konsens darüber, dass man bei der Transformation die Fehler aus der sozialistischen Zeit beseitigen wollte. Dass das Notariat Bestandteil des früheren, vorsozialistischen Rechtssystems war, kann und konnte jeder, der es nicht schon ohnehin wissen sollte, leicht nachlesen. Die diesbezüglichen Informationsquellen reichen hier von wissenschaftlichen Arbeiten[10] bis hin zu entsprechenden Wikipedia-Einträgen in den Sprachen der Region. Dennoch schien dieser Umstand nicht mehr im Bewusstsein aller präsent gewesen zu sein.

C. Die Entwicklung des Notariats in ausgewählten südosteuropäischen Staaten

Die beschriebenen Rahmenbedingungen führten jedoch nicht dazu, dass die Einführung des lateinischen Notariats überall uneingeschränkt begrüßt worden wäre. Im Gegenteil: Das Notariat sah sich überall erheblichen Angriffen ausgesetzt. Hauptgegner war, aus wohl nachvollziehbaren Gründen, die Anwaltschaft, die von weiten Teile der Presse[11] der jeweiligen Länder unterstützt wurde. Die wesentlichen Vorwürfe waren

- dass im Rahmen des lateinischen Notariats ein exklusiver Zuständigkeitsbereich übertragen wird,
- angeblich überzogene Notargebühren,
- die Art der Auswahl der Notare.

Die nachfolgenden Ausführungen konzentrieren sich auf den ersten genannten Punkt und fassen die Entwicklung bezüglich Bosnien und Herzegowinas, Mazedoniens, Montenegros und Serbiens zusammen.

---

10 Zusätzlich zu der in der vorstehenden Fußnote genannten Arbeit soll hier beispielshaft nur auf *Mirela Krešić*, Zakon o javnim bilježnicima Kraljevine Jugoslavije iz 1939: Sudelovanje javnog bilježnika u ostavinskom postupku – Iskustva iz prošlosti (Notariatsgesetz des Königreichs Jugoslwien aus dem Jahr 1939: Beteiligung des Notars im Nachlassverfahren – Erfahrungen aus der Vergangenheit), Zbornik Radova Pravnog Fakulteta u Zagrebu 2013, S. 353 ff; *dies.*, Javno bilježništvo na hrvatsko-slavonskom pravnom području 1859.-1941, in Časopis za suvremenu povijest 2010, S. 91 ff, die beide auch im Internet verfügbar sind (hrcak.srce.hr/file/161628 *bzw.* hrcak.srce.hr/file/90559), hingewiesen werden.

11 Weil die Bürger die Qualität des Rechtswesens primär aus der Presse beurteilen, aber auch, weil die Medien die Politik in Zugzwang bringen können, auch kontraproduktive Maßnahmen durchzuführen, nimmt die Presse bei der Rechtstransformation eine zentrale Rolle ein. Dies ist der Grund, warum die IRZ bei ihrer Arbeit regelmäßig auch das Thema „Justiz und Medien“ bearbeitet.

1. Bosnien und Herzegowina: Pressekampagne und Gegenmaßnahmen

In Bosnien und Herzegowina besteht wegen des komplexen Staatsaufbaus keine zentrale Gesetzgebungszuständigkeit für das Notariat. Diesbezügliche Fragen liegen vielmehr in der Zuständigkeit der Entitäten bzw. des Distrikts Brčko. Aufgrund eines harmonisierten Gesetzesentwurfes erließen diese Einheiten zwischen 2002 und 2004 ihre jeweiligen Notargesetze.[12] Dieser Vorgang war gleichzeitig ein positives Beispiel für pragmatische Schritte gegen die ansonsten im Lande aufgrund der Staatsstruktur häufig zu beobachtende Rechtszersplitterung. Danach folgte eine mehrjährige Vorbereitungszeit insbesondere für die Schulung und Prüfung der zukünftigen Notare, die federführend von der damaligen Gesellschaft für technische Zusammenarbeit (GTZ) organisiert wurde.[13] Im Rahmen dieser Aktivitäten spielt Vernetzung eine große Rolle: So arbeiten die Notarkammern der Region zusammen und pflegen einen intensiven Informationsaustausch. Beispielsweise unterstützten die bosnisch-herzegowinischen Notare mit ihren Erfahrungen ihre später ernannten Kollegen in Montenegro[14].

Deshalb wird man sagen können, dass die Arbeitsaufnahme der Notare gut vorbereitet war und einen erheblichen positiven Schritt bei der Transformation darstellte. Die öffentliche Wahrnehmung war jedoch eine andere. Ursache hierfür war bei der (Wieder)Einführung des Notariats in der Föderation Bosnien und Herzegowina im Jahr 2007 eine breit angelegte Medienkampagne vor allem in dem Boulevardblatt „Dnevni Avaz", der auflagenstärksten Tageszeitung des Landes. Diese war offensichtlich von der Anwaltschaft initiiert, die nicht nur

12 Zakon o notarima Federacije BiH, Službene novine FBiH Nr. 45/02; Zakon o notarima RS, Službeni glasnik Republike Srpske Nr. 86/04, 2/05, 74/05, 91/06, 37/07, 50/10, 78/11, 20/14, und Zakon o notarima Brčko Distrikta, Službeni glasnik Brčkog Distrikta Nr. 9/03 und 17/06.

13 Weitere Unterstützung, insbesondere durch Ausbildungsveranstaltungen nach der Arbeitsaufnahme des Notariats, leistete die Deutsche Stiftung für internationale rechtliche Zusammenarbeit e. V. (IRZ). Beide genannten deutschen Organisationen arbeiten dabei intensiv mit dem Deutschen Notarverein und der Bundesnotarkammer zusammen. Ebenso arbeiten GIZ und IRZ diesbezüglich in geeigneten Situation zusammen, so z. B. bei der Konferenz „Das neue mazedonische Gesetz über das Notariat: Vorteile und Nachteile" am 20.11.2014 in Mazedonien. Vgl. dazu auch *Stefan Pürner*, Das Notariat in Südosteuropa – Neue Entwicklungen, in notar 3/2015, S. 102 f, im Internet unter http://irz.de/images/downloads/diverses/puerner_notariat_suedosteuropa.pdf.

14 Vgl. hierzu auch die von zwei Mitautoren aus Bosnien und Herzegowina mitverfasste Publikation *Miraš Radović/Enes Bikić/Sefedin Suljević*, Notarijat u Crnoj Gori (Das Notariat in Montenegro), Podgorica 2010.

den besseren Zugang zu den Medienvertretern hat, sondern der es auch gelang, die Medien zur offensichtlich ungeprüften Übernahme der eigen, nicht selten juristisch unzutreffenden Argumentation zu bewegen. So kam es, dass im Zentrum der Medienberichte die Schlagzeile stand, dass es sich bei dem Notariat um die Etablierung eines „verfassungswidrigen Monopols" handeln würde[15]. Eine weitere, offensichtlich ungeprüft von der Anwaltschaft übernommene Behauptung war diejenige, dass durch die Verpflichtung, sich bei bestimmten Rechtshandlungen eines Notars zu bedienen, das Recht der Mandanten auf freie Wahl ihres rechtlichen Beraters beschnitten werden würde[16]. Weiter wurden Rechtsanwälte zitiert, die beklagten, dass selbst „Verfassungsrichter, Rechtsprofessoren oder Unternehmensjuristen" keine der notariellen Form bedürftige Erklärung rechtswirksam verfassen könnten[17].

Diese Argumente lassen sich inhaltlich leicht widerlegen: Notare sind Beliehene, also im hoheitlichen Bereich tätig. Damit stellt sich die Frage eines Monopols von vorneherein nicht. Und wenn der „Notarzwang" bei bestimmten Rechtsgeschäften ein Grund- bzw. Menschenrecht der Rechtssuchenden verletzen würde, dann müsste es in Anbetracht der weiten Verbreitung des lateinischen Notariats in Europa schon etliche diesbezügliche Urteile der nationalen Verfassungsgerichte oder des EGMR geben. Dementsprechend versuchte die deutsche GTZ in einer zweiseitigen Anzeige in demselben Blatt[18] die Diskussion durch nachprüfbare Argumente[19] zu versachlichen[20]. Die darin vorgebrachten Argumente mögen

15 So z.B. *Mirsad Sipović*, damaliger Vorsitzender des Verwaltungsausschusses der Regionalanwaltskammer Sarajevo in der Tageszeitung Dnevni Avaz vom 14. Juli 2007. Bei Dnevni Avaz handelt es sich um die auflagenstärkste Tageszeitung des Landes.

16 So der damalige Präsident des Hohen Richter- und Staatsanwaltsrates *Branko Perić* aaO.

17 So z.B. *Mirsad Sipović*, s. die vorletzte Fußnote.

18 Dnevni Avaz v. 20. Juli 2007.

19 Darunter auch eine Gegenüberstellung von Anwalts- und Notargebühren für vergleichbare Sachverhalte.

20 Dasselbe Ziel verfolgte der Beitrag des damaligen Geschäftsführers des Deutschen Notarverein (DNotV) *Christian Seger*, Lex est quod notamus – O uvođenju latinskog Notarijata u tranziciskjim zemljama Istočne i Jugoistočne Evrope (Über die Einführung des lateinischen Notariats in den Transformationsstaaten Ost- und Südosteuropas), in der von der IRZ mitherausgegebenen regionalen Fachzeitschrift Nova pravna revija – časopis za domaće, njemačko i evropsko pravo (Neue Juristische Umschau – Zeitschrift für regionales, deutsches und europäisches Recht), kurz NPR, 2010, S. 19 ff. Eine deutsche Kurzfassung des letztgenannten Beitrags findet sich im Downloadbereich der Internetseite der deutschen Stiftung für internationale Zusammenarbeit e. V. (IRZ) unter

einige der Leser überzeugt haben, nicht jedoch die Redaktion des Blattes. Dieses bot nämlich nur vier Tage später dem damaligen Präsidenten der Anwaltskammer der Föderation Bosnien und Herzegowina – dieses Mal im redaktionellen Teil – Gelegenheit zu einer umfangreichen Replik, die die bekannten Vorwürfe wiederholte. Wörtlich übersetzt heißt es in der (sehr langen) Überschrift dieses Interviews u. a.: „Die GTZ hat gegenüber der Anwaltschaft eine feindliche Haltung gezeigt – In diesem Land ist die Schaffung einer Monopolstellung verboten. Jede Ungleichbehandlung von Bürgern ist verboten. Durch das Gesetz über die Notare wird jedoch einer kleinen Gruppe von Bürgern innerhalb desselben Berufsstandes eine privilegierte Stellung eingeräumt“[21].

Man könnte alleine über diese Zeilen lange sprechen. Dies soll jedoch unterbleiben, da das Zitat hier vor allem dazu dient, einen Eindruck von der Art der Argumentation und der Schärfe der Angriffe[22] zu geben. Sei es, wie es mag: Das lateinische Notariat in Bosnien und Herzegowina überstand diese Angriffe damals und entwickelt sich sehr gut: Indizien dafür sind u. a., dass sich auch Nachbarländer beim Aufbau des eigenen Notariats gerne der Erfahrungen der Kollegen aus Bosnien und Herzegowina bedienten, positive Bewertungen der Notargesetze u. a. durch die deutsche Bundesnotarkammer und die rasche Aufnahme der gemeinsamen Kommission der Notarkammern der Entitäten in die Internationale Union des Notariats (UINL).[23]

---

http://www.irz.de/images/downloads/bosnisch-kroatisch-montenegrinisch-serbisch/npr-ep-deutsch/2010_1-2_npr_de.pdf, der gesamte Text in der Originalsprache unter http://www.irz.de/images/downloads/bosnisch-kroatisch-montenegrinisch-serbisch/npr/npr_1-2_2010.pdf.

21 Der entsprechende Text lautet im Original: „GTZ je pokazao neprijateljski stav prema advokatskoj struci – U ovoj zemlji zabranjeno je stvaranje monoplističkog položaja. Zabranjena je i diskriminacija među gradjaninama. Maloj grupi gradjana u okvirima iste struke Zakonom o notarima dat je povlašten polžaj“.

22 Ergänzend hierzu ist darauf hinzuweisen, dass auch Angriffe auf in den Presseberichten namentlich benannte Einzelpersonen bei der GTZ und im Justizministerium der Föderation Bosnien und Herzegowina in der diesbezüglichen Berichterstattung nicht fehlten.

23 Vgl. dazu *Povlakić*, „Roll back“ u nekim oblastima privatnog prava u Federaciji FBiH / "Roll back" in einigen Bereichen des Privatrechts in der Föderation BuH (nachfolgend: Roll back) in der zweisprachigen Sonderveröffentlichung zur Fünfjahresausgabe der Nova pravna revija – časopis za domaće, njemačko i evropsko pravo 2015: Aktuelna pitanja i problemi prava nekretnina u Bosni i Hercegovini / Aktuelle Fragen des Immobilienrechtes in Bosnien und Herzegowina, aaO S. 34 (die Seitenangaben beziehen sich auf den deutschen Text).

Dies überzeugte die Rechtsanwaltschaft jedoch noch nicht. So erhob in der Republika Srpska ein Rechtsanwalt Verfassungsbeschwerde gegen das dortige Notariatsgesetz. Diese blieb allerdings erfolglos. In seiner Entscheidung U-18/05 vom 31. Mai 2006 stellte das Gericht u.a. zutreffend fest, dass es sich bei dem Notariat um ein öffentliches Amt handelt, sodass nicht von einem verfassungswidrigen Monopol gesprochen werden kann. Auch konnte die Mehrheit der Richter[24] keine Verletzung des „Rechtes auf Arbeit" der Rechtsanwälte sehen, da es der Gesetzgeber durchaus in der Hand hat, Vorschriften zu erlassen, die den bisherigen Tätigkeitsbereich eines Berufsstandes einschränken[25].

Damit schien der Streit um die Einführung des Notariats in Bosnien und Herzegowina zumindest was die verfassungsrechtliche Ebene angeht, abgeschlossen. Dies war jedoch ein Trugschluss. Dazu noch später.

2. Montenegro: Erfolgreiche Medienarbeit der Notare

Auch in Montenegro, wo das lateinische Notariat 2011 eingeführt wurde, wurde dies von einer einseitigen Pressekampagne begleitet. Dort fanden sich Zeitungsüberschriften wie „Neuer Anschlag auf die Armen"[26] und „Die Notare verlangen gepfefferte Preise für ihre Dienste"[27]. Dies veranlasste die Notare, wohl auch aufgrund der eben dargestellten Erfahrungen im Nachbarland, sich von einer Medienagentur beraten zu lassen[28], die offensichtlich gute Arbeit leistete. Tatsächlich änderte sich der Ton der Berichterstattung bald. Nun waren Überschriften wie „Das Notariat ist nicht nur ein Geschäft"[29], „Notare als wichtiger Beitrag zur demokratischen Gesellschaft Montenegro"[30] und (das Notariat) „Eine verlässliche Verbindung zwischen Bürgern und Staat"[31] zu lesen.

24 Es gab auch ein abweichendes Votum des Richters *Milorad Ivošević*.

25 Weitere Fragen, die hier nicht vertieft werden können, betrafen die Zuständigkeit der Verfassungsgerichte in Bosnien und Herzegowina zur Überprüfung von Recht, das vom Hohen Repräsentanten für Bosnien und Herzegowina erlassen wurde.

26 Zitiert nach der damaligen Präsidentin der montenegrinischen Notarkammer *Tanja Čepić* in ihrem Vorwort zu Crnogorski notarijat u očima medija (Das montenegrinische Notariat in den Augen der Medien), Podgorica, 2013, dort S. 2.

27 S. bereits die vorstehende Fußnote.

28 Vgl. dazu *Tanja Čepić* aaO (vorletzte Fußnote). Der Autor dankt darüber hinaus einer ganzen Reihe von montenegrinischen Notaren, mit denen er über die Einführung des Notariats in deren Heimatland sprechen konnte.

29 ND Vijest vom 22.12.2012.

30 Zitiert nach *Tanja Čepić* (Anm. 20).

31 Pobjeda vom 22.4.2012.

Wer mit montenegrinischen Notaren spricht, bekommt darüber hinaus auch den Eindruck, dass es das Notariat dort auch der konsequenten und unbeirrten Haltung des Vizepremiers und Justizministers *Marković* zu verdanken hat, dass es bald wieder aus den Schlagzeilen kam. Beispielsweise soll *Marković* nach Erzählungen montenegrinischer Notare bei einer öffentlichen Veranstaltung, die überwiegend von Anwälten besucht worden war, auf entsprechende Angriffe gegen das Notariat geantwortet haben, dass es die Anwälte „gewohnt seien, den Kuchen allein zu haben, und sie sich nun daran gewöhnen müssen, diesen mit den Notaren zu teilen".

Womit ein wesentlicher Punkt bezüglich der Durchsetzung und Beibehaltung des politischen Zieles „lateinisches Notariat" angesprochen ist: Diese hängt auch von der Standfestigkeit und Konsequenz der politischen Entscheidungsträger ab. Dies insbesondere, da die Gegner des Notariats aus zwei Gründen regelmäßig zahlreicher sind als die Befürworter: Es liegt in der Natur der Sache, dass es mehr Rechtsanwälte als Notare gibt. Womit diese von beiden Berufsgruppen die bedeutendere Wählergruppe darstellen. Und in der breiten Öffentlichkeit verfangen meist die gezielt gestreuten Hinweise auf die Gebühren und das Einkommen der Notare.[32] Zu den Medien ist noch zu bemerken, dass diese nach den Feststellungen der oben genannten Agentur[33] über das Thema Notariat meist aus bestimmten Anlässen und aufgrund von Pressemitteilungen berichten. Lediglich 2 % der Medienberichte über das Notariat sollen dieser Quelle nach aufgrund eigener Initiativen und eigener Recherchen von Journalisten zurückgehen.[34] Für die Akzeptanz von Reformen, gerade solchen mit unangenehmen Begleiterscheinungen bei der Bevölkerung, können regelmäßige Kontakte zu Pressevertretern und gut formulierte Pressemitteilungen also eine erhebliche Rolle spielen.

Inzwischen wurde die Stellung der Notare in Montenegro sogar noch ausgebaut. Dort wurde nämlich im Frühjahr 2015 eine Ergänzung zum „Gesetz über das Außerstreitverfahren" (das in etwa dem FGG-Verfahren entspricht) verabschiedet, durch die den Notaren die Zuständigkeit im Nachlassverfahren übertragen wurde.[35]

---

32 In einem der Staaten der Region erläuterte der Justizminister dem Verfasser unumwunden, dass er sehr wohl um die Bedeutung des lateinischen Notariats wisse, aber eben die „gegebenen politischen Umstände" berücksichtigen müsse.

33 Montenegrinische Notarkammer (Hrsg.), Crnogorski notariat u očima medija (Das montenegrinische Notariat in den Augen der Medien), Podgorica 2013, S. 5.

34 Obgleich diese Zahlen aus Montenegro stammen, wird man annehmen können, dass die Situation auch in anderen Ländern vergleichbar ist.

35 Vgl. u. a. Art. 135 n. F. des genannten Gesetzes (Zakon o vanparničnom postupku, Službeni list RCG Nr. 27/2006 und Službeni list CG Nr. 20/2015).

3. Serbien: Anwaltsblockade („Streik“) gegen Notare

Große Verwerfungen gab es dagegen bei der Einführung des Notariats in Serbien. Diese erfolgte zufällig kurz nach der der Abschaffung der Besteuerung der Rechtsanwälte nach Durchschnittssätzen. Gegen diese hatte die Anwaltschaft mit einem für Freiberufler eigentlich ungewöhnlichen Mittel des Protestes demonstriert: Nämlich mit einem so genannten „Streik“, der die gesamte serbische Justiz lahmlegte[36]. Die Forderung auf Rückgängigmachung der nachteiligen steuerlichen Änderungen wurde mit der Arbeitsaufnahme des Notariats um die Forderung, den Notaren die ausschließliche Zuständigkeit für die Beurkundung bestimmter Verträge wieder zu entziehen, erweitert. Außerdem verlangte man nun auch den Rücktritt des Justizministers. Einen guten Einblick in die Vorgehensweise der Rechtsanwälte gibt die auch in englischer Fassung geführte Internetseite der serbischen Rechtsanwaltskammer zum „Streik“[37]. Dabei sah man durch die Einführung des Notariats die Anwaltschaft als Berufsstand gefährdet: „These days the survival of the whole profession in Serbia is in jeopardy“[38].

Auch ein Hilferuf an ausländische Kollegen („attorney, solicitor, barrister, Rechtsanwalt, abogado, avvocato, advokat, avocat, δικηγόρος, advocaat or whatever the name is of this noble profession that we do“) fehlte dort nicht, mit dem man zur Unterstützung durch Lobbyarbeit bei ausländischen Justizministerien und bei der EU aufforderte. Dort heißt es u. a.:

> YOU AND YOUR ASSOCIATION CAN HELP! Please contact your national Justice Ministry and ask that the inquiry is made with the Serbian Ministry of Justice about the Serbian Bar Protest. You can, also, contact your EU representatives who can, as well, contact the EU office in Serbia and seek information about our protest. You can, and we hope you will, forward this message to your colleagues and friends and ask them to show support for our rightful demands. In doing so, please send a copy to the Serbian Ministry of Justice at kontakt@mpravde.gov.rs so that they know that we are not alone.

Die Kritikpunkte der Rechtsanwälte ähnelten teilweise denjenigen, die in Bosnien und Herzegowina vorgebracht worden waren, gingen aber noch weiter. Insbesondere

---

36 Vgl. dazu *Stefan Pürner*, Serbien: Änderung bezüglich Gewinnermittlung nach Durchschnittssätzen (und daraus folgender „Anwaltsstreik“), in Internationales Steuerrecht – Zeitschrift für europäische und internationale Steuer- und Wirtschaftsberatung (IstR), Länderbericht 17/2014, S. 77 f.

37 Einsehbar unter http://protestadvokata.org/en/.

38 Einsehbar unter http://protestadvokata.org/en/. Der „Open Letter to our Colleagues in Europe“ vom 30.10.2014 findet sich dort unter http://protestadvokata.org/en/open-letter-to-our-colleague-from-europe/.

wurde auch vorgetragen, dass es bei der Auswahl der Notare nicht mit rechten Dingen zugegangen sei und dass vor allem regierungsnahe Kandidaten ernannt worden wären.[39] Wie schon in Bosnien und Herzegowina wurde auch die Höhe der Notargebühren kritisiert. Insbesondere die Berechtigung des letztgenannten Kritikpunkts wäre sicher nur nach einer eingehenden Analyse zu beurteilen. Ausgangspunkt hierfür könnte eine von der mazedonischen Notarkammer erarbeitete Übersicht[40] über ausgewählte Gebühren für verschiedene Sachverhalte in der Region[41] und in anderen Staaten[42] sein, in der die jeweiligen Gebühren auch in das Verhältnis zum durchschnittlichen Bruttoeinkommen gesetzt werden. Unabhängig davon muss festgestellt werden, dass die Notartarife in den Staaten der Region von der Notarkammer selbst mit Zustimmung des Justizministeriums erlassen und nicht in Gesetzesform verabschiedet werden. Im Hinblick darauf, dass es sich hier um die Preisbildung eines Oligopols von Anbietern handelt, und mit Blick auf die im deutschen Recht entwickelte Wesentlichkeitstheorie könnte hier ein Erlass in Gesetzesform zumindest einen Teil der Kritikpunkte ausräumen. Andererseits wiederum scheint es so zu sein, dass ein Teil der Kritik an den Notargebühren seine Ursache wohl auch in der offensichtlichen Unkenntnis grundlegender Sachverhalte und international gebräuchlicher Vorgehensweisen bei der Ausübung hoheitlicher Aufgaben durch Beliehene hat. Diese führen dann zu schlicht nicht nachvollziehbaren Vorwürfen wie demjenigen, dass alleine der Umstand, dass Notare Gebühren erheben, von denen der größte Teil bei ihnen selbst verbleibt, als „offene Korruption" bezeichnet wird[43].

Nach vier Monaten Streik, während derer Presseberichten zufolge landesweit 200.000 Gerichtsverhandlungen (davon alleine am Grundgericht 1 in Belgrad 27.000) ausgefallen waren[44], wurden die Forderungen der Anwälte weitgehend

39 *Andrej Ivanji*, Streik lähmt Serbiens Justiz, in Der Standard, 5.11.2014, online unter http://derstandard.at/2000007764215/Streik-laehmt-Serbiens-Justiz.

40 Diese trägt keinen Titel und ist, soweit ersichtlich, noch nicht veröffentlicht. Der Autor (puerner@irz.de) ist gerne bereit, interessierten Lesern, die dieser Frage nachgehen wollen, diese Übersicht in übersetzter Form zur Verfügung zu stellen und mit weiteren Hinweisen behilflich zu sein.

41 Albanien, Föderation Bosnien und Herzegowina (die Föderation ist eine der beiden Entitäten Bosnien und Herzegowinas, diese haben jeweils selbständige Notargesetzgebungen), Bulgarien, Mazedonien und Montenegro.

42 Frankreich, Litauen, Österreich, Spanien.

43 „Das ist offene Korruption, denn der Staat kassiert so nur 20 Prozent der Gerichtstaxen, den Rest kassieren die Notare", so der Präsident der serbischen Rechtsanwaltskammer *Dragoljub Đorđević* in *Andrej Ivanji*, aaO.

44 So das staatliche Rundfunk- und Fernsehprogramm RTV am 21.1.2015 u. a. auf seiner Website http://www.naslovi.net/2015-01-21/rts/advokati-u-predmetima-do-guse/13136677.

erfüllt und sowohl das betreffende Steuergesetz sowie das Gesetz über das Notariat geändert[45,46]. Damit wurde den Notaren u. a. die ausschließliche Zuständigkeit in Grundstückssachen wieder entzogen.

4. Mazedonien: Nach fast 20 Jahren De-facto-Abschaffung

Dass die Einführung des lateinischen Notariats auch nach dessen längerer Existenz kein unumkehrbarer Prozess ist, zeigt die Situation in Mazedonien. Dort wurde das Notariat bereits 1996 eingeführt. Im Jahre 2013 begann man, an einer Novellierung des Notargesetzes zu arbeiten, die jedoch im Wesentlichen keine inhaltlichen Änderungen bringen sollte. Das änderte sich jedoch schlagartig, als im Herbst 2014, wohl auf Betreiben der Anwaltskammer, ein Regierungsbeschluss[47] erlassen wurde, durch den der Justizminister verpflichtet wurde, eine zusätzliche Änderung des Gesetzes vorzubereiten.

Auch dieses Gesetzgebungsvorhaben wurde von einer entsprechenden Pressekampagne begleitet: Besonders markant ist diesbezüglich ein Interview mit dem Präsidenten der mazedonischen Anwaltskammer. Dieser kommentierte eine

45 Dies ist naturgemäß eine sehr verkürze Darstellung der Ereignisse. Nicht unerwähnt bleiben soll aber, dass die Anwaltskammer gegen Mitglieder, die sich nicht an dem Streik beteiligten, Disziplinarmaßnahmen anstrengte, die auch während des laufenden Verfahrens „suspendiert" wurden, so z. B. die Online-Ausgabe der Zeitschrift Danas vom 19.11.2014: Neuspeli apel na prestanak obustave rada advokata u Nišu: Advokati bojkotovali poziv kolege (Erfolgloser Appel zur Beendigung der Arbeitseistellung der Anwälte in Niš: Rechtsanwälte boykottieren den Aufruf eines Kollegen (http://www.danas.rs/danasrs/drustvo/pravo_danas/advokati_bojkotovali_poziv_kolege.1118.html?news_id=292750).

46 Die betreffenden Gesetzesänderungen finden sich, soweit es die bisherige Fassung des Notariatsgesetzes (Sl. glasnik RS", Nr. 31/2011, 85/2012, 19/2013, 55/2014, 93/2014, 121/2014 und 6/2015) angeht, im Änderungsgesetz Sl. glasnik RS Nr. 6/2015 vom 21.1.2015. Nicht unerwähnt bleiben soll die Einleitung zur vom 17.1.2015 datierenden Begründung des Änderungsgesetzes, zu finden unter http://www.parlament.gov.rs/upload/archive/files/lat/pdf/predlozi_zakona/77-15.%20lat.pdf, in der es u. a. heißt: „Das Notargesetz wird seit dem 1. September 2014 angewandt. Auf Grund einer Analyse der bisherigen Anwendung dieses Gesetzes sowie den Erfordernissen der Praxis und den Forderungen der Anwaltschaft wurde geschlossen, dass Änderungen und Ergänzungen dieses Gesetzes unumgänglich sind. (Zakon o javnom beležništvu počeo je da se primenjuje od 1. septembra 2014. godine. Na osnovu analize dosadašnje primene ovog zakona, kao i potreba prakse i zahteva advokature, zaključeno je da je neophodno da se izvrše izmene i dopune ovog zakona.)

47 Tagungsordnungspunkt 226 des Entwurfes des Protokolls der 27. Regierungssitzung vom 7. Oktober 2014.

Gemeinschaftsveranstaltung von GIZ und IRZ zum lateinischen Notariat, bei der auch der Vizepräsident der deutschen Bundesnotarkammer, *Bock*, über das lateinische Notariat sprach (und an der trotz entsprechender Einladung keinerlei Vertreter der Rechtsanwaltskammer teilgenommen hatten). In dem Interview wird *Bock* jenseits jeden kollegialen Umgangs obstinat als „deutscher Schreiber" bezeichnet und ihm im Übrigen Falschinformation und Lobbyismus vorgeworfen[48]. In der diesbezüglichen Berichterstattung wird übrigens auch der wirtschaftliche Hintergrund der Auseinandersetzung deutlich, wenn es z. B. heißt, es ginge um einen „*Kampf um ein Millionenmonopol*"[49].

Am 20.12.2015 wurde der Gesetzesentwurf mit Schreiben Nr. 42–12917/1[50] von der Regierung in das Parlament eingebracht und dort gleich auf die Tagesordnung gesetzt. Wegen Neujahr und des orthodoxen Weihnachtsfests verblieb den beteiligten Interessensverbänden kaum die Möglichkeit, im Vorfeld der Lesung im Parlament z. B. Parlamentarier über Argumente, die gegen den Gesetzesvorschlag sprechen, zu informieren.

In der Folgezeit schien es so, als ob die geplanten Gesetzesänderungen ins Hintertreffen geraten wären. Was auch nicht verwundert hätte, da Mazedonien sich derzeit nämlich in einer der schwersten Krisen seit der Unabhängigkeit des noch jungen Staates befindet. Dazu einige Eckpunkte: Von 2014 bis Ende 2016 boykottierte die Opposition die Arbeit im Parlament, 2015 fanden regelmäßig Demonstrationen gegen die Regierung statt. Außerdem wurde offenbar, dass eine halbe Million von Telefonaten von Bürgern, Institutionen, Organisationen, aber auch Politikern und ausländischen Botschaftern (!) abgehört worden war. Bei einer Polizeiaktion im schwer durchschaubaren Nebeneinander von organisierter Kriminalität und separatistischen Tendenzen im Frühjahr 2015 kam es zu ungefähr zwanzig Toten (die Zahlen in den Medien differieren)[51], die Mehrzahl davon Angehörige der albanischen Bevölkerungsminderheit, aber auch acht Polizisten. In Reaktion auf diese Situation drängte die EU auf vorgezogene

---

48 Interview mit dem Präsidenten der Anwaltskammer *Nikola Dodevski* für die Tageszeitung Dnevnik, veröffentlicht am 22.11.2014.

49 Bitka za milionskiot monopol, Dnevnik, 20.11.2014.

50 Dieses Schreiben liegt dem Verfasser in Kopie vor.

51 Vgl. dazu Focus-Online vom 10.5.2015: „Mazedonien: 22 Tote bei Feuergefechten in Grenznähe" unter http://www.focus.de/politik/ausland/mazedonien-22-tote-und-dutzende-verletzte-bei-feuergefechten_id_4673398.html, und Zeit-Online vom selben Tag: „Dutzende Tote bei Feuergefechten mit UCK" unter http://www.zeit.de/gesellschaft/zeitgeschehen/2015-05/mazedonien-kumanovo-22-verletzte-gefechte. Alle hier genannten Internetquellen wurden zuletzt am 30. Januar 2106 abgerufen.

Neuwahlen im Jahre 2016, die wiederholt verschoben werden mussten, da sich u. a. Unstimmigkeiten in den Wählerlisten nicht aufklären ließen[52]. Als der Präsident dann Verdächtige, gegen die die auf ausländischen Druck eingerichtete Sonderstaatsanwaltschaft wegen Beteiligung an der Abhöraffäre ermittelte, noch im laufenden Ermittlungsverfahren begnadigte, kam es zu weiteren Demonstrationen[53].

Man sollte also meinen, dass es im Lande dringlichere Probleme für die Politik geben sollte als die Verabschiedung solcher Gesetzesänderung mit Regelungen, die keinem international bewährten Modell folgen. Am 5. April 2016 wurden dann jedoch tatsächlich entsprechende Änderungen des Notargesetzes verabschiedet, die unter anderem mit dem Hinweis auf Qualitätssicherung und Verbraucherschutz begründet werden. Die Beteiligung der Rechtsanwälte soll nämlich, so die Befürworter der Gesetzesänderungen, die Rechte der Bürger stärken.

Das neue Gesetz sieht nun u. a. vor

- das bestimmte notarielle Urkunden „das Siegel eines Rechtsanwalts tragen müssen“ (Art. 68 Abs. 2; Art. 55 Abs. 2),
- dass die Notarprüfung nach sieben Jahren zu wiederholen ist (Art. 12 Abs. 8 und 9).

Es handelt sich also um Regelungen, die nicht einem bereits anderweitig erprobten Modell folgen[54]. Dementsprechend werfen sie auch bislang ungelöste Fragen auf. Insbesondere soll die zusätzliche anwaltliche Beteiligung für die Mandanten kostenneutral erfolgen. Hier muss geklärt werden, wie die anfallenden Gebühren geteilt werden, Außerdem ist fraglich, wie die Ziele der Qualitätssteigerung und des Verbraucherschutzes erfüllt werden können, wenn hier „für dasselbe Geld“

52 In deutscher Sprache vom Verfasser des vorliegenden Beitrags zusammengefasst findet sich die diesbezügliche Situation in dem Beitrag „Mazedonien-Wahl: Verwirrende Tatsachen und politische Witze“ (Aktuelles vom 22.3.2016) auf „exyusite.net“ unter https://exyusite.net/2016/03/22/mazedonien-wahl-verwirrende-tatsachen-und-politische-witze-aktuelles-vom-22-3-2016/.

53 Vgl. die Tageschau vom 14.4.2016 unter https://www.tagesschau.de/ausland/proteste-in-mazedonien-101.html.

54 Eine verpflichtende Beteiligung von Anwälten an notariellen Beurkundungen soll es dem Vernehmen nach eine Zeit lang in Griechenland gegeben haben. Dort sei sie jedoch wieder abgeschafft worden, da sich das System nicht bewährt habe. Nur am Rande bemerkt sein, dass es in Anbetracht des Zustandes der griechisch-mazedonischen Beziehungen eine Seltenheit ist, dass man sich in Mazedonien an Griechenland orientiert.

zwei – oder bei zweiseitigen Rechtsgeschäften sogar drei – juristische Dienstleister statt wie bisher einem bezahlt werden müssen.[55]

Bezüglich der auf sieben Jahre befristeten Ernennung stellen sich darüber hinaus rechtliche und tatsächliche Fragen, etwa die nach dem Bestandsschutz der bereits ernannten Notare. Auch fragt es sich, wie ein Notariat – das ja auch ein Unternehmen ist – unter solchen Bedingungen planen und sich entwickeln können soll. Auch hier dürften die Unwägbarkeiten im Ergebnis wiederum zu Lasten der Qualität und des Verbraucherschutzes gehen.

In den mazedonischen Medien sucht man solche kritischen Stimmen dagegen vergeblich. Dort finden sich nur knappe Informationen oder positive Berichte, in denen offensichtlich ohne Hinterfragen Standpunkte und Diktion der Rechtsanwälte übernommen wurden. Beispiele hierfür sind Überschriften wie diejenige, dass das neue Notargesetz *„die historische Ungerechtigkeit an den Rechtsanwälten korrigiert“*[56] oder die von einer „doppelten Kostensenkung“[57] sprechen.

Nach Verabschiedung des Gesetzes scheinen auch dessen Befürworter Zweifel zumindest an dem geplanten Zeitplan der Änderungen gekommen zu sein. Durch ein weiteres Gesetz vom 12. April 2016[58] wurde nämlich der Termin für das Inkrafttreten[59] der Neuregelung auf den 1. Januar 2017 verschoben. Es bleibt abzuwarten, ob die im Zusammenhang mit den Änderungen noch regelungsbedürftigen Fragen bis dahin geklärt werden können. Unter mazedonischen Juristen hört man auch die Auffassung, dass überhaupt kein Inkrafttreten gewünscht ist, man aber durch die formale Verabschiedung des Gesetzes, dessen Anwendung man nun hinausschiebt, dem Druck der Anwaltschaft nachgeben wollte.

---

55 Die Einführung einer dem § 19 BNotVO entsprechenden Vorschrift wurde in diesem Zusammenhang übrigens nicht diskutiert.

56 So das Internetportal akademik.mk in dem Beitrag СОБРАНИЕТО ГО ДОНЕСЕ ЗАКОНОТ ЗА НОТАРИЈАТОТ: Исправена е историската неправда кон адвокатурата, велат од АКРМ am 5.4.2016 unter http://www.akademik.mk/sobranieto-go-donese-zakonot-za-notarijatot-ispravena-e-istoriskata-nepravda-kon-advokaturata-velat-od-akrm/.

57 So das Internetportal akademik.mk in dem Beitrag АКРМ ЗА ЦЕЛТА НА ПРЕДЛОГ – ЗАКОНОТ ЗА НОТАРИЈАТОТ: Укинување на задолжителниот нотарски акт и двојно намалување на трошоците за граѓаните am 5.4.2016 unter http://www.akademik.mk/akrm-za-celta-na-predlog-zakonot-za-notarijatot-ukinuvane-na-zadolzhitelniot-notarski-akt-i-dvojno-namaluvane-na-troshotsite-za-graganite/.

58 Закон за нотаријатот, Службен весник на РМ, Nr. 72/16 vom 12.4.2016.

59 In der mazedonischen Rechtssprache als „Anwendung“ bezeichnet.

5. Nochmals zurück nach Bosnien und Herzegowina

In Bosnien und Herzegowina schien die Frage des Notariats zumindest grundsätzlich geklärt. Der Gesetzgeber in der Föderation schien allerdings nach dessen Einführung kein konsequentes Konzept für dessen Zukunft gehabt zu haben: Während mit der Übertragung der Zuständigkeit für nicht streitige Erbsachen eine Zuständigkeitserweiterung erfolgte, wurde die Rolle der Notare bei der Eintragung von Handelsgesellschaften in das Handelsregister geschmälert[60].

Im Jahre 2010 wurde dann in der Föderation eine Normenkontrollklage beim Verfassungsgericht anhängig gemacht, die unter dem Aktenzeichen U-15/10 geführt wurde. Angegriffen wurde damit u. a. die ausschließliche Zuständigkeit der Notare für bestimmte Rechtshandlungen. Eine für den 21.12.2010 angesetzte mündliche Verhandlung wurde seitens des Gerichtes „aus prozessualen Gründen auf unbestimmte Zeit" vertagt. In Anbetracht der Jahre langen Untätigkeit des Verfassungsgerichts der Föderation und der unter C.1. erwähnten Entscheidung des Verfassungsgerichts der Republika Srpksa, aber auch der unbestreitbaren Akzeptanz des Notariats in einer Vielzahl von insbesondere kontinentaleuropäischen Staaten dürfte diese jedoch von kaum jemanden als Damoklesschwert für das Notariat angesehen worden sein, als das Gericht die mündliche Verhandlung für den 14.10.2015 ansetzte. Wie aufgrund eines Mitschnitts, der dem Verfasser vorliegt, ersichtlich, wurden dort insbesondere die Gründe, die für eine verfassungsrechtliche Unbedenklichkeit des Notariats sprechen, ausgiebig vorgetragen.

Am Jahresende 2015 machte dann in bosnisch-herzegowinischen Juristenkreisen ein Gerücht die Runde. Ihm zufolge soll im Dezember 2015 bei einer Veranstaltung von Rechtsanwälten in Mostar ein Anwaltsfunktionär verkündet haben, er habe erfahren, dass das Verfassungsgericht der Normenkontrollklage stattgeben würde. Dies sei dann von den Anwesenden ausgiebig gefeiert worden. Die dadurch ausgelöste Irritation wurde nicht geringer dadurch, dass das Verfassungsgericht dann am 19. Januar im Paket mit sechs weiteren Entscheidungen[61], also *en passant*, tatsächlich eine solche Entscheidung verkündete[62]. Anders als

---

60 Vgl. zum folgend auch *Povlakić*, Roll back, S. 36 f.

61 Dazu gehörten Entscheidungen über das Forstgesetz, energiepolitische Gesetze und das Erziehungswesen. Die einzelnen Verfahren werden auf der Homepage des Verfassungsgerichts der FBiH unter http://www.ustavnisudfbih.ba/bs/index.php angeführt.

62 Oslobodjenje Online, Povodom odluke Ustavnog suda FBiH: Notarima manje posla? Ustavni sud FBiH u utorak je objavio sedam presuda, među kojima je i ona vezana za Zakon o notarima u FBiH (Aus Anlass der Entscheidung des Verfassungsgerichtes

üblich (und wohl auch notwendig) wurde die Entscheidung bei dieser Gelegenheit nicht begründet. Die Argumentation, die hinter diesem Urteil steht, wurde also erst einmal nicht ersichtlich.

An diesem Zustand änderte sich auch nichts, als das Urteil mit den Entscheidungsgründen dann vorlag[63]. Das 31-seitige Urteil besteht nämlich vor allem aus dem Copy-Paste des Vortrags des Antragstellers und der Notarkammer sowie von Gesetzesvorschriften. Die nachfolgende Begründung des Gerichts lässt sich kaum als solche bezeichnen. Zur Verdeutlichung folgen übersetzte Auszüge aus dem Urteil. Das Gericht stellt zunächst die Verfassungswidrigkeit der Bestimmungen über den Numerus clausus der Notarstellen und über die Zulassung zur Notarprüfung nur für solche Anwärter, die bei Notaren gearbeitet haben, fest. Begründet wurde dies im Wesentlichen mit der Verletzung des Gleichheitssatzes. Dann führt es zu der eigentlich selbständigen Frage der notariellen Beurkundungspflicht bestimmter Rechtsgeschäfte aus:

> „Auf dieselbe Weise und aus denselben Gründen kam das Verfassungsgericht der Föderation zu der Auffassung, dass auch der angegriffene Art. 73 des Gesetzes nicht in Übereinstimmung mit der Verfassung Bosnien-Herzegowinas ist."

Daran schließt sich die paraphrasierende Wiedergabe des Inhalts der genannten Vorschrift an. Schließlich heißt es weiter[64],

> „....durch die vorgeschriebene Nichtigkeit von Rechtsgeschäften, die in Übereinstimmung mit dem Angeführten nicht in Form einer notariell beurkundeten Urkunde erstellt wurden, erfolgt in erster Linie *eine Diskriminierung zum Schaden dritter Personen, nämlich von Diplom-Juristen mit bestandener Justizprüfung, Magisterprüfung oder einem Doktorat, die mit derselben, wenn nicht sogar mit einer größeren Fachkenntnis sowie Fähig-*

---

der FBiH: Weniger Arbeit für Notare? Das Verfassungsgericht FBiH verkündet am Dienstag sieben Urteile, darunter auch das in Verbindung mit dem Notariatsgesetz der FBiH) unter http://www.oslobodjenje.ba/vijesti/bih/povodom-odluke-ustavnog-suda-fbih-notarima-manje-posla.

63 Dieses findet sich auf der Internetseite des Gerichts unter http://www.ustavnisudfbih.ba/bs/open_page_nw.php?l=bs&pid=403.

64 Übersetzung des nachfolgenden Auszuges durch den Verfasser. Die betreffende Stelle lautet im Original: „...propisujući ništavost pravnih poslova za koje u skladu sa navedenim, nisu sačinjene u formi notarski obrađene isprave, se u prvom redu vrši diskriminacija na štetu drugih lica – diplomiranih pravnika sa položenim pravosudnim, magistarskim ispitom ili doktoratom, koji su sa istim, ako ne i većim stručnim znanje, te sposobnostima i moralnim kompetencijama, osposobljeni za pružanje istih ili sličnih usluga, pri čemu se nejednakost pred zakonom i diskriminacija na najočigledniji način manifestira u odnosu na sva ova navedena lica".

> *keiten und moralischen Kompetenzen zur Leistung derselben oder ähnlichen Diensten fähig sind, wobei sich die Ungleichheit vor dem Gesetz und die Diskriminierung im Verhältnis zur all diesen genannten Personen auf die alleroffensichtlichste Weise manifestiert.*" (Hervorhebung durch den Verf.)

Danach folgt ein pauschaler Verweis auf Rechtsnormen, die dieses Ergebnis begründet sollen, wobei bezüglich der meisten nur ein „gattungsmäßiger" Hinweis erfolgt, also keine Einzelnormen benannt werden und noch nicht einmal angegeben, wie diese Vorschriften heißen:[65]

> „All dies weist darauf hin, dass der angegriffene Art. 73 des Gesetzes im Widerspruch zu den Bestimmungen des Art. II. A. 2. (1) und (2) der Verfassung der Föderation Bosnien und Herzegowinas, *den internationalen Verträgen und anderen Abkommen, die in der Föderation Bosnien-Herzegowina in Kraft sind* und die auch im Annex zur Verfassung der Föderation Bosnien-Herzegowinas enthalten sind, steht; dies insbesondere hinsichtlich des Rechtes auf Gleichheit vor dem Gesetz und des Verbotes eine Diskriminierung egal aus welchem Grund." (Hervorhebung durch den Verfasser)

Eine weitere diesbezügliche Begründung erfolgt nicht. Insbesondere fehlt auch jede – in Anbetracht dieses überraschenden Ergebnisses zu erwartende und dringend gebotene – Auseinandersetzung mit den weit verbreiteten anderslautenden Auffassungen. Auch wird in dem gesamten Urteil auf keinerlei Literatur oder Urteile anderer Gerichte verwiesen. Ebenso wird nicht angesprochen, dass das Urteil im Ergebnis gegen die ganz herrschende Meinung zumindest in den kontinentaleuropäisch geprägten Ländern steht.

Auch wenn leider festzustellen ist, dass derlei richterliche Pauschalbegründungen in Südosteuropa durchaus üblich sind, lässt sich fragen, ob bei der vom Gericht gewählten Vorgehensweise überhaupt dem Anspruch auf rechtliches Gehör Genüge getan wird. Schließlich lässt das Urteil in keinster Weise erkennen, dass sich das Gericht tatsächlich inhaltlich mit den Argumenten beispielsweise der Notarkammer der Föderation Bosnien und Herzegowina auseinandergesetzt hat. Salopp gesagt bekommt man den Eindruck, das Gericht hätte in dieser Sache „die Ohren auf Durchzug" gestellt.

---

65 Die nachfolgende Übersetzung erfolgte wiederum durch den Verfasser. Die betreffende Stelle lautet im Original: „Sve ovo ukazuje na nesaglasnost osporenog člana 73. Zakona sa citiranim odredbama člana II.A.2.(1) i (2) Ustava Federacije Bosne i Hercegovine, međunarodnim ugovorima i drugim sporazumima koji su na snazi u Federaciji Bosne i Hercegovine, a sadržani su i u Aneksu Ustavu Federacije Bosne i Hercegovine, posebno u pogledu prava na jednakost pred zakonom, te zabranu diskriminacije po bilo kojem osnovu".

Insbesondere unterbleibt[66] jegliche Auseinandersetzung mit sachlichen Differenzierungsgründen, die eine unterschiedliche Behandlung rechtfertigen. Auch eine inhaltliche Auseinandersetzung mit dem Inhalt der notariellen Tätigkeit, den Grundgedanken der Spezialisierung und weiteren Punkten, die sich denjenigen, die mit den Grundgedanken des lateinischen Notariats als vorsorgender Rechtspflege schon einmal befasst haben, geradezu aufdrängen sollten, sucht man vergeblich. Auch scheint im Gericht nicht bekannt zu sein, dass Magister- und Doktorarbeiten zwar erhebliche Anforderungen stellen, aber nicht unbedingt auf spezielle praktische (notarielle oder andere) Tätigkeiten vorbereiten.

Die Ausführungen sollten als solche eines Verfassungsgerichts eigentlich auch auf andere Bereiche übertragbar sein. Gerade das macht sie jedoch noch bedenklicher: Denkt man die diesbezüglichen Ausführungen des Urteils nämlich weiter, dann dürfte der Gesetzgeber auch in anderen Bereichen keinerlei Möglichkeit haben, für spezielle Bereiche aus einem bestimmten Berufsfeld zusätzlich zum allgemeinen Bildungsabschluss noch weitere Qualifikationen vorzuschreiben!

Zurück zum Juristischen: Nach Auffassung des Gerichtes scheinen die Rechtsgeschäfte, für die die notarielle Form in der Föderation Bosnien und Herzegowina vorgeschrieben war, „Allerweltsangelegenheiten“ zu sein. Die Art der „Begründung“ durch das Gericht lässt weiter auf eine feudalistische Auffassung vom Richteramt schließen, die nicht anerkennt, dass die Kehrseite der richterlichen Unabhängigkeit der Begründungszwang ist. Erstaunlich ist insbesondere, dass das Gericht, wenn es sich schon gegen die Rechtsauffassung eines Großteils der europäischen Länder stellt, sich nicht dazu berufen fühlt (oder in der Lage sieht?), substantiiert auf Argumente der „h.M.“ einzugehen. Richtern, die Freude an der intellektuellen Auseinandersetzung haben, sollte es gerade dann, wenn sie von einer so weit herrschenden Meinung abweichen, eigentlich große Befriedigung bereiten, diese mit feinsinnigen Argumenten zu „zerpflücken“.

Das Gericht fand auch noch einen weiteren Grund, warum es Art. 73 des Gesetzes über die Notare für verfassungswidrig ansah. Auch hier wieder die wesentlichen Ausführungen in Übersetzung:

> „Das Gesetz über die Notare schreibt in dem angegriffenen Art. 73 Rechtsgeschäfte vor, für die eine notarielle Urkunde verpflichtend ist, ja es schreibt sogar vor, dass diese Ver-

---

66 Wie mittlerweile auch in einer nach der Veranstaltung in Regensburg erschienen Arbeit eines jungen bosnisch-herzegowinischen Juristen in äußerst fundierter Weise belegt wird. Dabei handelt es sich um *Demirel Delić*: Odluka Ustavnog suda Federacije Bosne i Hercegovine o neustavnosti Zakona o notarima, Sveske za javno pravo (Blätter für Öffentliches Recht) 2016, S. 33 H, im Internet unter: www.fcjp.ba, dort in der Rubrik „časopis“.

träge nichtig sind, soweit sie nicht notariell beurkundet wurden. Weiter wird in Abs. 2 festgelegt, dass die Verpflichtung zu einer notariellen Beurkundung auch durch andere Gesetze vorgesehen werden kann, dass die Parteien das Recht haben, auch für andere Geschäfte eine notarielle Beurkundung zu verlangen, und dass die Bestimmungen dieses Artikels ihrem Wesen nach temporären Charakter besitzen, bis sie durch eine besondere Regelung über die Verpflichtung einer notariellen Urkunde, die sie ausdrücklich insgesamt oder in Teilen außer Kraft setzt, ersetzt werden."[67]

Danach folgte eine auch im Original sprachlich nur schwer verständliche und unsubstantiierte Bezugnahme auf eine angebliche einschlägige Rechtsprechung des Europäischen Gerichtshofs für Menschenrechte:

„Auch in der Rechtsprechung des Europäischen Gerichtshofes für Menschenrechte ist eine allgemeine Regel festgelegt, dass Gesetze zugänglich, klar und vorhersehbar sein müssen. Nur ein solches Gesetz ermöglicht es den Bürgern, ihr Verhalten anzupassen, da sie das Gesetz kennen (Prinzip der Zugänglichkeit), da ihnen das Gesetz klar ist (Prinzip der Bestimmtheit bzw. Klarheit) und da es ihnen ein solches Gesetz auch erlaubt, ihr Verhalten in Übereinstimmung mit dem Gesetz einzurichten und ihre Rechte und Pflichten im Einklang damit auszuüben (Prinzip der Vorhersehbarkeit). Der Gesetzestext dieser Bestimmung, die auf ein zukünftiges und unbestimmtes Ereignis (Vorschreiben der Verpflichtung einer notariellen Beurkundung) und auf andere Gesetze (also auf einen unbestimmten Kreis eventueller zukünftiger gesetzlicher Regelungen) verweist sowie darauf, dass die Bestimmung nur so lange „gilt", wie dies der Gesetzgeber mit nichtjuristischer Sprache feststellt – bis sie durch ein besonderes Regulativ (entgegen dem allgemeinen rechtlichen Prinzip über die gleiche Kraft von Gesetzen, weil wir in unserem Rechtssystem keine hierarchische Beziehung gesetzlicher Normen, sondern die Notwendigkeit einer horizontalen und vertikalen Abstimmung haben) ersetzt wird, macht den Text dieser Bestimmung durch so unbestimmte Angaben in einem solchen Maße unverständlich, unpräzise und unvorhersehbar, dass sie in einem Rechtssystem, in dem das oberste Prinzip die Herrschaft des Rechtes[68] ist, nicht aufrechterhalten werden kann."[69]

---

67 Im Original: „Zakon o notarima u osporenom članu 73. propisuje pravne poslove za koje je obavezna notarska isprava, pa čak i da su ništavi ukoliko nisu notarski obrađeni. Nadalje, stavom 2. da obaveza notarske obrade može biti predviđena i drugim zakonima, te da stranke imaju pravo zahtijevati notarsku obradu i za druge poslove, te konačno da su odredbe tog člana u suštini temporalnog karaktera, dok ne budu zamijenjene posebnom regulativom o obavezi notarske obrade isprava, koje ih izričito u cjelini ili u dijelovima stavljaju van snage".

68 Nur am Rande bemerkt sei, dass man sich zumindest bislang in Bosnien und Herzegowina weniger der Rule of Law als dem Rechtsstaatsprinzip verpflichtet sah.

69 Im Original: „Opće pravilo koje je utvrđeno i u jurisprudenciji Evropskog suda za ljudska prava jeste da zakoni moraju biti dostupni, jasni i predvidivi. Samo takav zakon omogućava građanima da prilagode svoje ponašanje, jer znaju (princip dostupnosti) zakon, jasan im je (princip preciznosti, odnosno jasnoće) i kao takav im omogućava

Auch hier feiern die Medien die Niederlage des Notariats wiederum als Sieg des Guten: Erneut ist von der Abschaffung eines Monopols die Rede. Dies war nicht nur in allgemeinen Medien der Fall, sondern auch in juristischen Internetportalen[70], von denen man eigentlich eine differenziertere Berichterstattung erwarten würde

Nach der Veranstaltung in Regensburg erschien in der bosnisch-herzegowinischen Literatur[71] auch eine erste schriftliche Stimme, die sich ähnlich wie hier kritisch mit der Entscheidung auseinandersetzt. Kritisiert wird dort insbesondere, dass das Verfassungsgericht eine Diskriminierung behauptet, ohne auch nur ansatzweise die für eine solche Feststellung erforderlichen Prüfungsschritte zu absolvieren, und dass keinerlei Ausführungen zu tatsächlichen Umständen und der Situation in anderen Rechten erfolgt.[72] Weiter wird bemängelt, dass die Entscheidungen auch in formaler Hinsicht nicht, wie es Verfassungsgerichtsent-

---

da usklade svoje ponašanje i ostvaruju svoja prava i vrše obaveze u skladu sa zakonom (princip predvidivosti). Sam zakonski tekst ove odredbe, koja upućuje na budući neizvjesni događaj (propisivanje obaveze notarske obrade) i u drugim zakonima (dakle neodređenom krugu eventualnih budućih zakonskih rješenja) kao i da odredba „vrijedi", kako to nepravničkim jezikom ustanovljava zakonodavac, samo tako dugo dok se ne zamijeni posebnom regulativom (suprotno osnovnom pravnom principu o jednakoj snazi zakona, je u našem pravnom sistemu nemamo hijerarhijski odnos zakonskih normi, nego nužnost horizontalnog i vertikalnog usaglašavanja) uz ovako neodređene navode, čine tekst ove odredbe nerazumljivim, nepreciznim i nepredvidivim u takvoj mjeri da je neodrživ u pravnom poretku u kojem je vrhovni princip vladavina prava".

70 So etwa epravo.ba (E-Recht) vom 19.1.2016, Presuda kojom se ukida monopol notara u FBiH (Das Urteil, mit dem das Monopol der Notare abgeschafft wird) unter http://epravo.ba/danasnjom-odlukom-suda-ukida-se-monopol-notara-u-fbih/, und identisch formuliert „bih-pravo" (bosnisch-herzegowinisches Recht) vom 13.4.2016 unter http://www.bih-pravo.org/presuda-kojom-ukida-monopol-notara-fbih-t1088.html.

71 *Demirel Delić*, Odluka Ustavnog suda Federacije Bosne i Hercegovine o neustavnosti Zakona o notarima (Die Entscheidung des Verfassungsgerichts der Föderation Bosnien-Herzegowina über die Verfassungswidrigkeit des Gesetzes über die Notare), in Sveske za javno pravo (Blätter für Öffentliches Recht) Nr. 25, September 2016, S. 33 ff.

72 *Delić* aaO, S. 42: „Presuda Ustavnog suda FBiH o neustavnosti odredbi članova 6, 27 i 73 Zakona o notarima FBiH se zasniva na paušalno ustanov ljenoj nedozvoljenoj diskriminaciji, bez uvažavanja statističkih podataka, komparativne analiza razvoja i tendencija u oblasti notarijata. Naime, Ustavni sud FBiH je bez provođenja testa diskriminacije i uvažavanja argumenata obje strane, odnosno, bez detaljnog obrazloženja ustanovio da su uslovi za obavljanje notarske službe propisani članom 6 stav 2 Zakona o notarima FBiH neustavni i diskriminatorni".

scheidungen eigentlich sollten, als Vorbild für die Urteile anderer Gerichte dienen kann.[73] Außerdem wird kritisch darauf verwiesen, dass das Verfassungsgericht alle Argumente, die für das Erfordernis einer grundsätzlich unterschiedlichen Behandlung von Notariat und Anwaltschaft sprechen, „absolut vernachlässigt" habe.[74] Die kritischen Anmerkungen gehen bis zu der Feststellung, dass die Entscheidung durch ihre Sprache und die Nichteinhaltung rechtlicher Standards sich selbst disqualifizieren würde.[75] Aufgrund all dieser und weiterer Mängel hält der Autor die Entscheidung in einigen Teilen für so unzureichend begründet, dass sie seiner Auffassung nach (ausnahmsweise) vor dem Verfassungsgericht des Gesamtstaates Bosnien und Herzegowina angegriffen werden könnte.[76]

Die kritische Auseinandersetzung mit diesem Urteil hat vermutlich erst begonnen. Dem Verfasser ist bekannt, dass derzeit auch andere Autoren Beiträge mit ebenfalls ablehnender Tendenz vorbereiten. Die Auseinandersetzung mit diesem Urteil nimmt also Fahrt auf. Es bleibt abzuwarten, ob sich in den wissenschaftlichen Beiträgen auch Befürworter dieser Entscheidung finden werden und welche Argumente sie anführen.

Ganz anderes ist die Situation in der Republika Srpksa, der zweiten Entität des Staats. Dort plant der Justizminister *Anton Kasipović* die Anzahl der Notarstellen zu erhöhen und die Angemessenheit der bisherigen Notargebühren zu überprüfen[77].

Bezüglich des Notariats besteht in Bosnien und Herzegowina also die Situation, dass ein und dieselbe Institution, die durch identische Gesetze geregelt wird, in einem Landesteil vom Verfassungsgericht bestätigt bekommen hat, verfassungsgemäß zu sein, während das Verfassungsgericht der anderen Entität sie für verfassungswidrig erklärte.[78]

---

73 *Delić* aaO, S. 43: „Judikati najvažnije sudske instance treba da budu ogledalo i urnek za praktično postupanje nižih sudskih instanci, obrazovnih institucija, ali i za pravnike teoretičare".

74 *Delić* aaO, S. 42: „Pravno je neprihvatljiva argumentacija Ustavnog suda FBiH, koja apsolutno zanemaruje argumente o neistovjetnosti dvije službe zbog različitog položaja, vrijednosti i dokaznoj snazi isprava, te (ne)pristranosti".

75 *Delić* aaO, S. 43: „Odluku diskvalificira jezik i nepoštovanje pravnih standarda u odluci".

76 *Delić* aaO, S. 43: „Argumentacija Ustavnog suda FBiH u vezi člana 27 je neutemeljena, a samim tim i potencijalno utuživa pred Ustavnim sudom Bosne i Hercegovine".

77 So das Online-Portal des landesweiten Senders RTV BN am 20.6.2016 Smanjiti naknade i povećati broj notara (Notargebühren senken und Anzahl der Notare erhöhen) unter http://www.rtvbn.com/3822351/smanjiti-naknade-i-povecati-broj-notara.

78 Wenn in Bosnien und Herzegowina über das eigene Land gesprochen wird, fällt öfter das geflügelte Wort „Absurdistan". Wer die Begriffe „Bosna i Hercegovina" und

Ein weiterer, für ausländische Beobachter schwer nachvollziehbarer Umstand dürfte darin liegen, dass die Normenkontrollklage, auf deren Grundlage die Entscheidungen erging, von der damaligen Stellvertretenden Präsidentin der Föderation BuH eingeleitet wurde, während der heutige Präsident im November 2016 bei einer großen internationalen Konferenz eindeutig Position für das Notariat bezog (womit er auch indirekte Urteilsschelte betrieb). So führte er u. a. aus:

> „Das Notaramt leistet einen bedeutenden Beitrag zur Rechtssicherheit. Eine klar bestimmte Rechtsordnung und unparteiische Institutionen sind der Traum wahrer Heimatliebender unseres Staates".[79]

6. Parallelbeispiele einer wetterwendischen Rechtsentwicklung

Das Notariat ist nicht das einzige Beispiel für einen Zick-Zack-Kurs des Gesetzgebers und Reformen nach dem Motto „rein in die Kartoffeln, raus aus den Kartoffeln" im Rahmen der Rechtstransformation. Im Zusammenhang mit der Eigentumsordnung ist insbesondere die (Wieder)Etablierung und anschließende Abschaffung der Grundbücher in der Republika Srpska zu nennen[80]. Auch in Kroatien wird die Vereinigung von Kataster und Grundbüchern diskutiert[81] – dies übrigens ungeachtet des Umstandes, dass Meldungen über Ermittlungen der kroatischen Antikorruptionsbehörde USKOK gegen Katastermitarbeiter wegen

---

„Apsurdistan" googelt, bekommt mehr als 8.000 Treffer angezeigt. Nach dem Urteil des Verfassungsgerichts der Föderation dürften es in Anbetracht der geschilderten Situation noch mehr werden.

79 Im Original: „Značajan doprinos pravnoj sigurnosti ima notarska služba. Jasno uređen pravni sustav i nepristrasne institucije i san istinskih domljuba naše države", Oslobodjenje vom 17.11.2016, Međunarodna konferencija notara: Značajan uticaj na pravnu sigurnost i promet nekretnina (Internationale Notarkonferenz: Bedeutender Beitrag zur Rechtssicherheit und zum Grundstücksverkehr) unter http://www.oslobodjenje.ba/vijesti/bih/medunarodna-konferencija-notara-veliki-uticaj-na-pravnu-sigurnost-i-promet nekretnina/185902.

80 *Duško Medić*, Mišljenje o sistemu javnih registara u pogledu nekretnina u Republici Srpskoj / Gutachten über das System der öffentlichen Register in der Republika Srpksa, in der zweisprachigen NPR-Sonderveröffentlichung zum Immobilienrecht in Bosnien und Herzegowina (vgl. Anm. 24), dort S. 60 (unter Ziff. 3) (die Seitenzahlen beziehen sich auf den deutschen Text).

81 Vgl. das Internetportal „Poslovni dnevnik": Spajanje gruntovnice i katastra traže geodeti, Svjetska banka za (Geodäten fordern Vereinigung von Grundbuch und Kataster, Weltbank begrüßt dies) vom 30.3.2016 unter http://www.poslovni.hr/hrvatska/spajanje-gruntovnice-i-katastra-traze-geodeti-svjetska-banka-za-310878.

Amtsmissbrauch und der Annahme von Schmiergeldern keine Seltenheit sind[82]. Zur Abrundung des Bildes sei noch darauf hingewiesen, dass in Bezug auf das Strafprozessrecht *Milan Škulić*, Strafrechtsprofessor in Belgrad, und *Goran Ilić*, Vorsitzender der Vereinigung der Staatsanwälte Serbiens, ein gemeinsames Buch sogar mit „Reform im Stile Ein Schritt voraus, zwei zurück" überschrieben haben. Auch in anderen Rechtsbereichen ist also die Entwicklung wetterwendisch.

D. Ursachenforschung und Fazit

1. Mögliche Ursachen der geschilderten Vorgänge

Wodurch sind Ereignisse wie die geschilderten erklärbar? Wohl nicht durch neue Erkenntnisse in einem wissenschaftlichen Theorienstreit, und auch nicht durch wechselnde politische Mehrheiten in den genannten Staaten. Ein Grund ist sicher das fehlende Verständnis der Politik für die Bedeutung des Notariats und das Zusammenspiel zwischen vorsorgender Rechtspflege, Rechtssicherheit bei „gefahrengeneigten" Rechtsgeschäften und den tatsächlichen und rechtlichen Schwierigkeiten insbesondere im Bereich des Sachenrechts. Die wesentliche Ursache dürfte jedoch, verbunden mit einem gesellschaftlichen Klima, in dem einerseits Gedanken wie Spezialisierung und Bestenauswahl auf wenig Verständnis stoßen, andererseits aber Sozialneid ein willfähriges Argument ist, schlichtweg im erfolgreichen Lobbyismus der Rechtsanwälte liegen. Dazu passt, dass einigen Rechtsanwaltsfunktionären enge persönliche Beziehungen zu einflussreichen Politikern der betreffenden Länder nachgesagt werden. Gute Voraussetzungen, wenn man die finanziellen Interessen des eigenen Berufsstandes vertritt und den Marktanteil der eigenen Profession (wieder) vergrößern möchte.[83]

---

82 So z. B. am 8.9.2016 das Nachrichtenprotal „Croportal": USKOK: Istraga protiv četvorice geodeta i pročelnika Područnog ureda za katastar Dubrovnik (USKOK: Ermittlungen gegen vier Geodäten und den stellvertretenden Leiter des Katasteramtes Dubrovnik) unter http://www.croportal.net/hrvatska/USKOK_Istraga_protiv_cetvorice_geodeta_i_procelnika_Podrucnog_ureda_za_katastar_Dubrovnik-3964282, oder am 7.10.2014 das lokale Portal „Sibenikin": Za mito u zemljišniku i Katastru osumnjičeni i vlasnici agencija za nekretnine i geodeti (Gegen Schmiergeld in das Grundbuch und das Kataster: Eigentümer einer Immobilienagentur und Geodäten unter Verdacht) unter http://www.sibenik.in/sibenik/za-mito-u-zemljisniku-i-katastru-osumnjiceni-i-vlasnici-agencija-za-nekretnine-i-geodeti/18255.html.

83 Wobei sich die Rechtsanwaltschaft durch ein solches Vorgehen einen Bärendienst erweist. Sinnvoller als alte Positionen aus der Vergangenheit zu verteidigen wäre es vermutlich, sich den wahren Herausforderungen der Zukunft zu stellen. Dazu würde sicher gehören, das antiquierte Standesrecht bezüglich der Möglichkeiten, Speziali-

Möglicherweise gibt es aber auch andere Ursachen. Auch ansonsten ernstzunehmende westliche Juristen neigen in diesen Zusammenhängen nämlich zu Verschwörungstheorien. Eine davon lautet, dass Nichtregierungsorganisationen aus dem Bereich des Common Law die Bestrebungen zur Abschaffung des Notariats und auch der Grundbücher unterstützen, da sie verhindern wollen, dass sich die betreffenden Transformationsstaaten diesbezüglich an kontinentaleuropäischen Modellen orientieren, und der (vermeintlichen) Kostengünstigkeit und dem Wettbewerb den Vorzug vor der Rechtssicherheit geben möchten.

Wie die beispielhaft genannten Hinweise auf die Presseberichterstattung zeigen, werfen die Vorgänge auch ein Licht auf den Zustand der Medien und den Stil der politischen Auseinandersetzungen in den genannten Transformationsstaaten: Tatsachen und Wahrheitsfindung sind nicht gefragt. Erfolgreich ist, wer konfrontationsträchtige Narrative und Sozialneid bedient. Daraus folgt für Transformationsprozesse, dass die Bevölkerung und die Medien auch über reichlich technische Zusammenhänge geschult werden müssen, um zu verhindern, dass mit klassenkämpferischen Parolen notwendige Reformschritte verhindert oder behindert werden.

2. Fazit

a) *Lehren, die man ziehen sollte.* Die hier dargestellten Entwicklungen sind ernüchternd. Dennoch lassen sich aus ihnen verschiedene Lehren ziehen. Diejenige für die internationale Rechtsberatung, also den Arbeitsbereich, aus dem der Verfasser dieses Beitrags kommt, ist – vor allem – für diejenigen, die darüber zu entscheiden haben, ob und in welcher Höhe Mittel für die internationale Rechtsberatung zur Verfügung stehen, dass wir unsere Partnerstaaten nicht nur bis zur Einführung bestimmte Rechtsinstitute werden begleiten müssen, sondern dass auch darüber hinaus Unterstützung erforderlich ist. Dies nicht nur bei der sogenannten Implementierung, d. h. durch Aus- und Weiterbildung, die zur richtigen und sachgerechten Anwendung der gesetzlichen Neuerungen befähigt. Neben solchen, an den einzelnen Berufsträgern ansetzenden Maß-

---

sierungen auszuweisen und auf dem Markt in angemessener Weise auf die eigenen Fähigkeiten hinweisen zu können, zu überarbeiten und die Arten zulässiger beruflicher Zusammenschlüsse zu erweitern. Diesbezüglich sind die Kammern der betreffenden Länder jedoch weitgehend untätig. Womit sich feststellen lässt, dass es nicht nur die Staatsbediensteten, sondern auch die freien Berufe sind, die sich den notwendigen Umbrüchen in der Transformation widersetzen.

nahmen sind vielmehr auch Maßnahmen erforderlich, die die allgemeine Akzeptanz der neuen Rechtsinstitute fördern.

Dabei wird man realistisch (oder sollte man sagen: pessimistisch?) sein müssen. Insbesondere hat man auch mit Entwicklungen zu rechnen, die man sich in den eigenen, relativ „aufgeräumten" Heimatsrechtsordnungen so nicht vorstellen könnte.

b) *Folgerungen für die Frage „Ist die Transformation gelungen?"*. Was folgt aber aus dem Dargestellten für die zentrale Frage dieser Tagung: „Ist die Transformation gelungen?"

In Anbetracht der beschriebenen Vorgänge dürfte sich eine uneingeschränkt bejahende Antwort verbieten. Es wäre jedoch zu einfach und zu kurz gegriffen zu antworten, dass die Transformation gescheitert sei. Die realistische Antwort ist vermutlich, dass die Transformation *noch* nicht gelungen ist. Und ergänzend sollte man hinzufügen, dass bei einem solchen komplexen und historisch einmaligen Projekt auch Rückschläge normal sind und keinesfalls das Ziel per se in Frage stellen. Schließlich ist auch die kleine Flotte von Kolumbus nicht immer erfolgreich gegen den Wind gesegelt, sondern sie wurde wiederholt um manche Seemeile, die man vorher mühsam erkämpft hatte, zurückgeworfen.

Die Frage nach dem Erfolg der Transformation ist aber nicht verfrüht gestellt: Nur wenn sie regelmäßig auf der Tagesordnung steht, können die Fort- und Rückschritte sowohl der anderen als auch die eigenen evaluiert und Lehren daraus gezogen werden. Dabei muss man sich bewusst sein, dass solche Veranstaltungen nicht den „Zieleinlauf", sondern lediglich einen „Boxenstopp" darstellen. Mitbringen sollte man deshalb den Schraubschlüssel und nicht das Champagnerglas.

c) *Die Frage nach möglichen eigenen Fehlvorstellungen von der Transformation*. Soviel zur Antwort auf die Grundfrage dieser Tagung. Ein umfassendes Fazit sollte jedoch noch auf einen weiteren Punkt eingehen: Mit der Frage nach dem Erfolg der Transformation verbunden ist auch diejenige nach unseren eigenen Vorstellungen von der Transformation und von deren Verlauf. Und hier müssen wir uns fragen, ob wir diesbezüglich nicht mitunter reichlich blauäugig waren und sind.

Auch Deutschland hat nach dem Systemwechsel nach 1945[84] eine Transformation durchlaufen. Die Bedingungen hierfür waren äußerst günstig: Das

---

84 Die Transformation in der DDR eignet sich wenig als Vorbild für die Transformation in den anderen ehemaligen sozialistischen Staaten, da sie in vielen Dingen einmalig war. Besonders ist insbesondere, dass mit dem Einigungsvertrag von vorneherein ein „Masterplan" bestand, der u. a. auch den zu übernehmenden Besitzstand detailliert regelte. Wie gezeigt, wird in den sonstigen Transformationsstaaten dagegen auch heute

frühere autoritäre System war zwar auf 1000 Jahre angelegt, hatte aber nur zwölf Jahre Bestand. Man konnte also auf Juristen zurückgreifen, die überwiegend noch in der Zeit vor der Diktatur ausgebildet worden waren. Durch die starke Rolle der Alliierten gab es eine führende Hand und auch einen Masterplan. Dennoch hat es lange gedauert, manche Überbleibsel aus der Vergangenheit zu beseitigen. Ein Beispiel aus einem Rechtsbereich, der sehr weit von den Fragen, die bei der hiesigen Veranstaltung diskutiert werden, entfernt ist, soll das verdeutlichen. Gewählt wurde es, weil es dabei um ein zentrales Thema aus dem Bereich der Grundrechte geht. Diesbezüglich gab es früher die Meinung, dass die Grundrechte von Bürgern, die sich in so genannten besonderen Gewaltverhältnissen befanden, ohne gesetzliche Grundlage eingeschränkt werden könnten. Es dauerte bis 1972 (und damit von 1945 gerechnet 28 Jahre!), bis das Bundesverfassungsgericht dieser weit verbreiteten Meinung in seinem Strafgefangenenurteil[85] den Boden entzog.

Vor diesem Hintergrund wären wir in Deutschland sehr gut beraten, die Erwartungen insbesondere hinsichtlich der zeitlichen Dauer des Transformationsprozesses an unsere ausländischen Partner nicht zu hoch zu schrauben. Diese Erkenntnis muss zudem mit entsprechenden finanziellen Mitteln begleitet werden, um auch tatsächlich den erforderlichen langen Atem zu haben. Transformation ist keine Kurzstrecke. Transformation ist ein Marathon mit zusätzlich eingebauten Hindernissen. Dessen muss man sich bewusst sein. Zum langen Atem gehört Nachhaltigkeit. Und Nachhaltigkeit ist kein Zustand, der automatisch besteht, sondern sie entsteht nur, wenn man nachhält.

d) *Soziale Komponente sollte bedacht werden.* Noch einmal zurück zu der Frage, ob die Transformation erfolgreich war bzw. ist.

Der ehemalige Präsident des deutschen Bundesverfassungsgerichts Prof. Dr. Dres. h.c. mult. *Hans-Jürgen Papier* hat gestern in seinem Festvortrag das Verhältnis zwischen dem Grundrecht auf Eigentum und dem Sozialstaatsprinzip angesprochen. Deshalb sollte darauf hingewiesen werden, dass sich in Südosteuropa vermutlich nur eine einzige positive Antwort auf die Frage nach dem Erfolg der Transformation findet. Diese ist allerdings nicht ernst gemeint. Sie findet sich in dem mit „*Tranzicija*" (Transformation) überschrieben satirischen

noch, mehr als 25 Jahre nach dem Fall der Berliner Mauer, um grundlegende Zielvorstellung gestritten, bzw. es werden einmal getroffene Entscheidungen teilweise nach Jahren wieder umgestoßen.

85 BVerfG, Urteil 2 BvR 41/71 vom 14.3.1972.

Lied der sozialkritischen Hip-Hop-Band *Dubioza Kolektiva* aus Sarajevo. Dort heißt es (jugend)frei übersetzt[86]:

> Transformation gelungen, Patient tot.
> Wer sich nicht vom Acker gemacht hat, wird gekniffen.
> Das alte System hat nichts getaugt, es kam ein neues.
> Aber nicht der Kapitalismus, sondern der Feudalismus.

Diese Zeilen sollte man bedenken, wenn man nach Maßstäben für die Beurteilung der Transformation sucht. Deren Erfolg darf nicht nur technisch beurteilt werden. Wichtig ist nicht nur, dass Eigentum rechtssicher verkehrsfähig ist und belastet werden kann. Ausschlaggebend für den Erfolg der Transformation als gesamtgesellschaftlicher Prozess hin zu einer auch sozialen Marktwirtschaft ist auch, in wessen Hände das Eigentum durch die Transformation gelangt und wie es nach der Transformation in den jeweiligen Gesellschaften verteilt ist. Dies nicht wegen einer sozialistischen Gleichmacherei, sondern weil sowohl der Sozialstaat wie auch die Marktwirtschaft unter allzu großen diesbezüglichen Ungleichheiten leiden.

---

86 Im Original: Tranzicija uspjela, pacijent je podleg'o,
ostao je izjeban ko god nije pobjeg'o.
Stari sistem nije valj'o došao je novi
samo ne kapitalizam, već feudalizam.

ÖFFENTLICHES RECHT

Ass. iur. Fabian Michl, LL.M. (Edin.), Regensburg

Die Eigentumsordnung Russlands in der Rechtsprechung des EGMR

1. Einleitung

Seit der Ratifizierung der EMRK durch die Russische Föderation im Jahr 1998 unterliegt die Eigentumsordnung Russlands konventionsrechtlichen Vorgaben. Dass diesen Vorgaben allzu häufig nicht genügt wird, zeigt ein Blick auf die Statistik des EGMR:[1] Dort belegt die Russische Föderation mit 516 Verurteilungen in Eigentumssachen den zweiten Platz hinter der Türkei mit 647 ver-

1 EGMR-Statistik 1959–2015, abrufbar unter http://www.echr.coe.int/Documents/Stats_violation_1959_2015_ENG.pdf; zuletzt abgerufen am 31.10.2016.

urteilenden Entscheidungen. Zur Einordnung: Die Türkei unterliegt bereits seit 1959, also fast 40 Jahre länger, der Rechtsprechungskompetenz des Gerichtshofs. Deutschland wurde in derselben Zeit lediglich dreimal wegen Eigentumsverletzungen verurteilt. Unter den Transformationsstaaten Osteuropas ist eine hohe Verurteilungsrate in Eigentumssachen allerdings nicht ungewöhnlich: So belegt Rumänien – mit gerade mal einem Siebtel der Einwohnerzahl Russlands! – mit 464 Verurteilungen den dritten, die Ukraine mit 336 Verurteilungen den fünften Platz in der Statistik; beide sind seit 1996 Vertragsstaaten der EMRK. Dass Eigentumsverletzungen kein osteuropäisches Spezifikum sind, demonstriert das viertplatzierte Italien mit 358 Verurteilungen.

Ich möchte es bei diesen Zahlen bewenden lassen. Aus juristischer Perspektive weitaus interessanter als Statistik ist die Dogmatik des Straßburger Gerichtshofs, in deren Bahnen sich die konventionsrechtliche Beurteilung von Eigentumsfällen vollzieht. Ihr möchte ich in einem ersten Schritt einige Aufmerksamkeit widmen. Sodann werde ich die Anwendung der Eigentumsdogmatik an zwei Fällen aus Russland demonstrieren, die ich unter dem Etikett „Transformationsfälle" zusammenfasse. Sie geben einen guten Eindruck davon, wie der EGMR eigentumsrechtliche Fälle handhabt und auf welche Weise Konventionsstaaten mit der Eigentumsgarantie in Konflikt geraten können. Das Label „Transformationsfall" erscheint mir in beiden Fällen angebracht, da Lebenssachverhalte betroffen sind, die für den Wandel vom sozialistischen Staat hin zu einem marktwirtschaftlichen System typisch sind.

2. Grundzüge der Eigentumsdogmatik des EGMR

Nun also zu den Grundzügen der Eigentumsdogmatik des Konventionsrechts.

a) Historischer und textlicher Befund

Obwohl in der internationalen europäischen Menschenrechtstradition von Beginn an präsent,[2] fand die Gewährleistung des Eigentums keinen Eingang in den Haupttext der Europäischen Menschenrechtskonvention. Erst in Art. 1 des Zusatzprotokolls findet sich eine Bestimmung über den „Schutz des Eigentums". Wie die *travaux préparatoires* auf 170 Seiten belegen, konnte man sich nämlich in den Arbeitsgremien lange Zeit nicht auf eine Formulierung einigen, ja es war zunächst

---

2 Vgl. Art. 1 der Virginia Declaration of Rights von 1776; Art. 2 und Art. 17 der Französischen Erklärung der Menschen- und Bürgerrechte von 1789; Art. 17 der Allgemeinen Erklärung der Menschen- und Bürgerrechte von 1948.

nicht einmal ausgemacht, dass das Eigentum überhaupt konventionsrechtlich garantiert werden sollte. Von manchen wurde Eigentum als bloßes wirtschaftliches Recht betrachtet, das in einem Menschenrechtsdokument nichts verloren habe. Andere befürchteten eine zu starke Beschränkung nationaler Gestaltungsspielräume.[3] Am Ende der sehr ideologisch geführten Diskussionen stand ein recht formelhafter Kompromiss, der sich an der offenen Formulierung der Bestimmung ablesen lässt.

Nach der französischen Fassung des Artikels hat jede natürliche und juristische Person das Recht auf die Achtung ihrer *biens*, also ihrer Sachen[4]. Dem englischen Text zufolge wird der „friedliche Genuss" ihrer *possessions*, also ihres Besitzes, geschützt. Die nicht verbindliche deutsche Übersetzung täuscht mit dem Begriff „Eigentum" eine trügerische Gewissheit über den Schutzgegenstand vor. Doch auch die authentischen Fassungen formulieren nicht konsistent: So bestimmt Absatz 1 Satz 2 der englischen Version, dass niemandem sein Besitz – *possessions* – entzogen werden darf, es sei denn, das öffentliche Interesse verlangt es, und auch dann nur unter den durch Gesetz und durch die allgemeinen Grundsätze des Völkerrechts vorgesehenen Bedingungen. Der französische Wortlaut spricht insoweit hingegen von *propriété*, also von Eigentum im rechtstechnischen Sinne.[5] Von *property* ist denn auch in der englischen Fassung des zweiten Absatzes die Rede, der den Staaten die Regelung der Eigentumsnutzung im Einklang mit dem Gemeininteresse vorbehält. Das französische Pendant nimmt an dieser Stelle wieder die Sachen als solche, also *les biens*, in Bezug.

b) Eigentumsbegriff des EGMR

Vor dem Hintergrund der Entstehungsgeschichte und der Inkonsistenzen im Wortlaut verwundert es nicht, dass der EGMR sich bereits in einem frühen Urteil dazu berufen sah, zunächst den Schutzgegenstand des Art. 1 ZP-EMRK autoritativ zu klären. Der Artikel stellt demnach „im Wesentlichen eine Garantie des Ei-

---

3 Europarat, Travaux préparatoires de l'article 1er du premier Protocole additionel à la Convention européenne des Droits de l'Homme, CDH (76), 36; online abrufbar unter http://www.echr.coe.int/LibraryDocs/Travaux/ECHRTravaux-P1-1-CDH(76)36-FR1190080.pdf; zuletzt abgerufen am 31.10.2016.

4 Vgl. Buch II des Code civil.

5 Vgl. Art. 544 Code civil: „La propriété est le droit de jouir et disposer des choses de la manière la plus absolue, pourvu qu'on n'en fasse pas un usage prohibé par les lois ou par les règlements."; zur Beziehung zwischen den *biens* und dem Eigentum vgl. Art. 543 Code civil: „On peut avoir sur les biens, ou un droit de propriété, ou un simple droit de jouissance, ou seulement des services fonciers à prétendre".

gentums“ dar.[6] In der weiteren Rechtsprechung gewann der konventionsrechtliche Eigentumsbegriff an Konturen.[7] Maßgeblich ist danach nicht die Klassifizierung einer Position als Eigentum nach innerstaatlichem Recht, sondern die Erfüllung bestimmter inhaltlicher Kriterien, die sich aus der Rechtsprechung des EGMR ergeben. Zentral ist der Vermögenswert der betrachteten Position. Sie muss sich außerdem exklusiv nutzen lassen, d. h. ihr Inhaber muss unter Ausschluss anderer über sie verfügen können. Zudem muss die Position aktuell bestehen, zumindest aber eine „berechtigte Erwartung“, nicht bloße Hoffnung sein. Das konventionsrechtliche Eigentum ist zwar nicht völlig entkoppelt vom nationalen Recht. Schließlich ist eine „hinreichende Grundlage“ in diesem meist Voraussetzung, dass einer Position überhaupt Vermögenswert zukommt. Der EGMR hat aber in einigen Fällen durchaus die Bereitschaft gezeigt, Eigentumspositionen anzuerkennen, die dem nationalen Recht völlig fremd sind: So wurde im grundlegenden *Van-Marle*-Urteil der Kundenstamm (*clientèle*) eines selbständigen Buchhalters als „Eigentum“ angesehen, obschon dieser durch das einschlägige niederländische Recht nicht rechtlich konstituiert worden war.[8] In späteren Urteilen erweiterte der Gerichtshof den Eigentumsschutz sogar auf „wirtschaftliche Interessen“ („economic interests“) insgesamt.[9]

In Zweifelsfällen stützt der EGMR seine Argumentation auch auf Erwägungen, die einer arbeitstheoretischen Konzeption des Eigentums nahestehen. So wurde in *van Marle* betont, dass die Beschwerdeführer den Kundenstamm „aufgrund ihrer Arbeit“ („by dint of their own work“) erlangt hätten.[10] In einem portugiesischen Enteignungsfall, in dem die privatrechtliche Rechtslage an den betroffenen Grundstücken völlig unklar war, gründeten die Straßburger Richter das Eigentum der Beschwerdeführer unter anderem darauf, dass diese bzw. ihre Vorfahren das betreffende Grundstück bereits seit annähernd hundert Jahren „bearbeitet“ hatten.[11] Der Arbeitseinsatz des Einzelnen kann sich also positiv auf dessen kon-

6 EGMR, Urt. v. 13.06.1979, Beschw.-Nr. 6833/74 – *Marckx/Belgien*, Rn. 63.

7 Zu Unrecht wird der EGMR für die angebliche Konturenlosigkeit seines Eigentumsbegriffs kritisiert, etwa von *Hartwig*, RabelsZ 93 (1999), 561 (566); zu den Konturen des Eigentumsbegriffs vergleichend mit dem Eigentumsbegriff des Art. 14 GG vgl. *Michl*, JZ 2013, 504 (505 ff.).

8 EGMR (Plenum), Urt. v. 26.06.1986, Beschw.-Nr. 8543/79 u. a., *van Marle u. a./Niederlande.*

9 EGMR, Urt. v. 07.07.1969, Beschw.-Nr. 10873/84, *Tre Traktörer/Schweden*, Rn. 53; vgl. auch EGMR, Urt. v. 25.03.1999, Beschw.-Nr. 31107/96 u. a., *Iatridis./Griechenland.*

10 EGMR (Plenum), Urt. v. 26.06.1986, Beschw.-Nr. 8543/79 u. a., *van Marle u. a./Niederlande*, Rn. 41.

11 EGMR, Urt. v. 16.09.1996, Beschw.-Nr. 15777/89, *Matos e Silva u. a./Portugal*, Rn. 75.

ventionsrechtlichen Schutz auswirken.[12] Andererseits ist nicht erkennbar, dass der EGMR diesen Schutz notwendig an einen eigenen Beitrag des Grundrechtsträgers knüpfen würde. Auch „leistungsloses" Eigentum ist dem Konventionsrecht nicht fremd.[13]

Insgesamt lässt sich in der Rechtsprechung des EGMR also eine Tendenz zu einem weiten Eigentumsbegriff feststellen, der deutlich über das hinausgeht, was die nationalen Rechtsordnungen als Eigentum ansehen, sei es auf der Ebene des Privatrechts oder des Verfassungsrechts.[14]

c) Eingriffsdogmatik

Was die Eingriffsdogmatik anbelangt, orientiert sich der EGMR zunächst am Wortlaut des Art. 1 ZP-EMRK. Dieser bringe „drei unterschiedliche Regeln" zum Ausdruck, nämlich in Absatz 1 Satz 1 das Prinzip des Eigentumsschutzes, in Absatz 1 Satz 2 die Möglichkeit der Eigentumsentziehung und im zweiten Absatz die Befugnis der Staaten, die Eigentumsnutzung im Einklang mit dem Gemeininteresse zu regeln.[15] Die zweite und die dritte „Regel" sind nach der Rechtsprechung „besondere Fälle des Eingriffs in das Eigentumsrecht" und müssen daher im Lichte des allgemeinen Prinzips der ersten Regel ausgelegt werden.[16]

Durch diese binnensystematische Fokussierung auf den Grundsatz des Eigentumsschutzes haben sich die Rechtfertigungsvoraussetzungen für Eingriffe, gleich welcher Kategorie sie zugerechnet werden, stark angenähert: Eigentumsentziehungen müssen gesetzlich vorgesehen sein und vom öffentlichen Interesse verlangt werden. Zwischen dem verfolgten Gemeinwohlinteresse und den Eigentümerinteressen muss ein gerechter Ausgleich hergestellt werden, der im Wesentlichen anhand einer Verhältnismäßigkeitsprüfung festgestellt wird. Anders als in vielen nationalen Rechtsordnungen ist eine Entschädigung für die Eigentums-

---

12 Der EGMR nimmt hier deutliche Anleihen bei der „Arbeitstheorie" des Eigentums, vgl. *Michl*, JZ 2013, 504 (507).

13 Vgl. auch die sehr weitreichende Anerkennung von Eigentumsrechten im Zusammenhang mit Behindertenrenten nach ungarischem Recht, EGMR (2. Sektion), Urt. v. 10.02.2015, Beschw.-Nr. 53080/13 – *Béláné Nagy/Ungarn* (nach Art. 43 EMRK an die Große Kammer verwiesen; Entscheidung ausstehend).

14 Zum russischen Recht vgl. etwa *Allenhöfer/Plagemann*, Das Eigentum im Recht der Russischen Föderation, 2007, passim.

15 EGMR (Plenum), Urt. v. 23.09.1982, Beschw.-Nr. 7151/75 u. 7152/75, *Sporrong u. Lönnroth/Schweden*, Rn. 61.

16 EGMR (Plenum), Urt. v. 21.02.1986, Beschw.-Nr. 8793/79, *James u. a./Vereinigtes Königreich*, Rn. 37.

entziehung nicht in allen Fällen erforderlich, dürfte aber dennoch als Regelfall anzusehen sein.[17] Auch Nutzungsregelungen müssen, sofern sie nicht durch formelles Gesetz erfolgen, gesetzlich vorgesehen sein und im Gemeininteresse liegen. Wiederum muss ein gerechter Ausgleich – *a fair balance* – zwischen den widerstreitenden Interessen hergestellt werden.

Neben Entziehungen und Nutzungsregelungen erkennt der EGMR auch sonstige Eingriffe in das Eigentum sowie positive Verpflichtungen der Konventionsstaaten zum Schutze des Eigentums an. Da die Abgrenzung von den anderen Kategorien im Einzelfall schwierig sein kann, bleibt sie bisweilen offen. Der Gerichtshof überprüft auch die sonstigen Eingriffe auf ihre Legalität, ihren Gemeinwohlbezug und ihre Verhältnismäßigkeit, so dass sich für die Rechtsanwendung aus der Kategorisierung kaum Unterschiede ergeben.[18]

d) Margin of appreciation

Im Rahmen der Rechtfertigungsprüfung von Eigentumseingriffen gesteht der Gerichtshof den Staaten einen weiten Einschätzungsspielraum zu. Die allgemeine konventionsrechtliche Margin-of-Appreciation-Doktrin spielt beim Eigentumsrecht eine besondere Rolle. Der EGMR betont, dass die nationalen Behörden dank ihrer unmittelbaren Kenntnis von der jeweiligen Gesellschaft und von deren Bedürfnissen besser als der internationale Richter feststellen könnten, was im „öffentliches Interesse" liege.[19] Da eigentumsrelevante Gesetze wirtschaftliche und soziale Fragen betreffen und der Gesetzgeber in der Wirtschafts- und Sozialpolitik über einen weiten Ermessensspielraum verfügt, respektiert der Gerichtshof dessen Einschätzung des „öffentlichen Interesses", solange sie sich nicht als „offensichtlich unangemessen" herausstelle.[20] Dieser weitere Einschätzungsspielraum gilt nach der Rechtsprechung erst recht in Zeiten radikaler gesellschaftlicher Umbrüche wie während der deutschen Wiedervereinigung[21] und allgemein im Nachgang zum Fall des Eisernen Vorhangs in Mittel- und Osteuropa.[22]

---

17 Vgl. *Meyer-Ladewig*, EMRK. 3. Aufl. 2011, Art. 1 ZP-EMRK Rn. 43 m. w. N.

18 Vgl. *Meyer-Ladewig*, EMRK. 3. Aufl. 2011, Art. 1 ZP-EMRK Rn. 52 f. m. w. N.

19 EGMR (GK), Urt. v. 30.06.2005, Beschw.-Nr. 46720/99 u. a., *Jahn u. a./Deutschland*, Rn. 91.

20 EGMR (GK), Urt. v. 30.06.2005, Beschw.-Nr. 46720/99 u. a., *Jahn u. a./Deutschland*, Rn. 91 m. N. aus der früheren Rspr.

21 EGMR (GK), Urt. v. 30.06.2005, Beschw.-Nr. 46720/99 u. a., *Jahn u. a./Deutschland*, Rn. 91.

22 EGMR, Urt. v. 15.03.2007, Beschw.-Nr. 43278/98 u. a., *Velikovi u. a./Bulgarien*, Rn. 169.

Der Beurteilungsspielraum bezieht sich nicht nur auf die Feststellung, dass eine Maßnahme im öffentlichen Interesse liegt, sondern auch auf die Beurteilung von deren Erforderlichkeit und Folgen. Solange ein fairer Ausgleich zwischen den Interessen des Beschwerdeführers und denen der Allgemeinheit hergestellt ist, überprüft der Gerichtshof nicht, ob der Staat das jeweilige gesellschaftliche Problem hätte „besser" lösen können.[23] Unangemessen ist der Interessenausgleich im Einzelfall nur dann, wenn der Betroffene individuell und übermäßig von der Maßnahme belastet wird.[24]

e) Zusammenfassung

Zusammenfassend lässt sich sagen, dass der konventionsrechtliche Eigentumsschutz zwar sachlich sehr weit geht, der Gerichtshof aber darum bemüht ist, den Staaten eine Vielzahl von Eingriffsoptionen offenzuhalten. Die Grenze zur Eigentumsverletzung ist erst überschritten, wenn der einzelne Beschwerdeführer – nur über dessen Anliegen hat der EGMR schließlich zu entscheiden! – in unangemessener Weise belastet wird.

3. Russische „Transformationsfälle"

Anhand von zwei ausgewählten Problemkreisen, die den EGMR in jüngerer Zeit beschäftigt haben, möchte ich darstellen, wie der konventionsrechtliche Eigentumsschutz auf die Eigentumsordnung Russlands einwirkt. Beide Konstellationen stehen dabei deutlich unter den Vorzeichen des gesellschaftlichen und rechtlichen Wandels und sind damit typische Beispiele von „Transformationsgesetzgebung".

a) Urožaj-90-Schecks

Der erste Fall, *Malysh* gegen Russland, betrifft geradezu paradigmatisch den Übergang von der sozialistischen Planwirtschaft zur Marktwirtschaft in Russland.[25]

aa) Sachverhalt

Die Ursprünge des Rechtsstreits liegen im Jahr 1990, als die Regierung der Russischen Sowjetrepublik sog. Warenschecks (*tovarnye čeki*) in Umlauf gebracht hatte, die den

---

23 EGMR (Plenum), Urt. v. 21.02.1986, Beschw.-Nr. 8793/79, *James u. a./Vereinigtes Königreich*, Rn. 51.

24 EGMR (Plenum), Urt. v. 21.02.1986, Beschw.-Nr. 8793/79, *James u. a./Vereinigtes Königreich*, Rn. 50.

25 EGMR, Urt. v. 11.02.2010, Beschw.-Nr. 30280/03, *Malysh u. a./Russland.*

Inhabern die Bezugsberechtigung für bestimmte Verbrauchsgüter gab, deren Abgabe im Rahmen der staatlichen Wirtschaftskontrolle rationiert war. Zum Beispiel: Kühlschränke, Waschmaschinen, Kassettenrekorder und Autos. Unter diesen Schecks waren auch die sog. Urožaj-90-Schecks (*urožaj devjanosto*), übersetzt: „Ernte-90"-Schecks, die als Entgeltbestandteil an Arbeiter und Betriebe in der Landwirtschaft ausgegeben wurden, die in den Jahren 1990 und 1991 ihre Erzeugnisse an den Staat verkauft hatten. Die übertragbaren Urožaj-90-Schecks berechtigten den Inhaber ausschließlich zum Erwerb eines Verbrauchsguts zu dem auf dem Scheck angegebenen Höchstpreis, der vom Käufer aber in voller Höhe zu zahlen war.

Im Januar 1992 hob die russische Regierung die staatliche Preiskontrolle auf, sodass eine Vielzahl von Verbrauchsgütern verfügbar wurde. Allerdings zu rasant steigenden Preisen. Die Regierung reagierte auf den Preisanstieg im März 1992 und verordnete, dass Waren, die unter der Vorlage von Urožaj-90-Schecks gekauft werden, zu den früheren Fixpreisen zu abgegeben werden müssen. Im August desselben Jahres wurde das Finanzministerium angewiesen, den Aufkauf der Schecks durch die Sberbank zum Zehnfachen des auf den Schecks aufgedruckten Betrages zu veranlassen. Der Koeffizient wurde 1994 auf das Siebzigfache erhöht. Bis zur Einstellung der Aufkäufe im Jahr 1996 wurde so ein großer Teil der Schecks gegen Direktzahlungen eingelöst.

Dennoch blieben viele Schecks im Umlauf. Sie wurden mit dem Gesetz über Warenschecks vom 1. Juni 1995 zu internen Staatsschulden erklärt, die nach den allgemeinen Bestimmungen des Zivilgesetzbuchs auszugleichen seien. Das Gesetz sah vor, dass die Regierung bis 1997 ein Programm auflegen soll, aufgrund dessen diese Schulden in voller Höhe abzulösen seien. Nachdem ein solches Programm nie beschlossen worden war, wurde im Juni 2000 das Gesetz über die Warenschecks dahin geändert, dass die Ablöse der aus den Urožaj-90-Schecks resultierenden Staatsschulden in einem speziellen Gesetz näher zu regeln sei. Ein hiergegen vor dem Verfassungsgericht erhobener Normenkontrollantrag des Parlaments der Republik Sacha (Jakutien) blieb erfolglos. Das Verfassungsgericht führte aus, dass der Staat zwar einerseits nicht einfach seine Verpflichtungen gegenüber dem Einzelnen aufheben könne. Andererseits dürfe die Durchsetzung individueller Rechte und Interessen die Leistungsfähigkeit des Staates nicht derart beeinträchtigen, dass nicht mehr genügend Mittel zur Verfügung stünden, um den Rechten und Interessen der Gesellschaft als Ganzer Rechnung zu tragen. Den Ausgleich zwischen den kollidierenden Interessen habe allein das Parlament zu treffen, dessen haushälterische und ökonomische Einschätzung das Gericht nicht zu überprüfen habe.

2003 wurde die Anerkennung der Schecks als Staatsschulden durch Bundesgesetz schließlich gänzlich ausgesetzt.

bb) Entscheidung des Gerichtshofs

Die Beschwerdeführer vor dem EGMR hatten vergeblich versucht, vor den russischen Gerichten eine Ablösung ihrer Urožaj-90-Schecks zu erreichen. Mit ihren Individualbeschwerden rügten sie einen Verstoß der Russischen Föderation gegen Art. 1 ZP-EMRK durch die unterlassene Ablöse ihrer Schecks.

(1) Schutzbereich

Bereits die Eröffnung des Schutzbereichs des Eigentumsrechts war zwischen den Parteien umstritten. Die russische Regierung trug vor, dass die Urožaj-90-Schecks keine vermögenswerte Rechtsposition vermittelten, sondern lediglich Berechtigungsscheine für den Erwerb von Waren zu einem bestimmten Preis darstellten. Der Gerichtshof ließ sich hiervon nicht überzeugen. Er betonte die „autonome Bedeutung“ des Eigentumsbegriffs von Art. 1 ZP-EMRK, die von der Einordnung nach nationalem Recht unabhängig sei. Entscheidend sei, ob der Einzelne bei einer Betrachtung aller Umstände des Einzelfalls ein „substantielles Interesse“ erworben habe. Die Warenschecks seien zwar ursprünglich lediglich ein Mittel gewesen, um die Verteilung von nachgefragten Verbrauchsgütern zu regeln. Ihre Bedeutung habe sich aber über die Jahre – im Einklang mit dem Wandel der russischen Wirtschaft – geändert. Mit der gesetzlichen Anerkennung der Schecks als Teil der Staatsschuld im Jahr 1995 habe die Russische Föderation sich selbst dazu verpflichtet, diese Schuld zu begleichen. Von diesem Zeitpunkt an hätten die Beschwerdeführer einen Anspruch gegen den Staat gehabt, diese Selbstverpflichtung einzulösen. Obwohl die Anwendung des Warenscheckgesetzes mittlerweile ausgesetzt worden sei, sei das Gesetz nie aufgehoben oder für ungültig erklärt worden. Auch die nationalen Gerichte bis zum Verfassungsgericht hätten dem Grunde nach eine Schuld des russischen Staates anerkannt. Der Anspruch der Beschwerdeführer auf Begleichung dieser Schuld stelle demnach ein von Art. 1 ZP-EMRK geschütztes Eigentümerinteresse dar (Rn. 65–71).

(2) Eingriff

Das Verhalten der Russischen Föderation ordnete der Gerichtshof nicht als Eigentumsentziehung oder Nutzungsregelung, sondern als sonstigen Eigentumseingriff ein. Dabei ließ er es ausdrücklich dahinstehen, ob eine positive oder eine negative Verpflichtung des Staates gegeben sei. Einerseits könne man das Hinauszögern der Ablösung als Behinderung der Eigentümer ansehen, ihre Rechte effektiv auszuüben, was einem Eingriff gleichkomme. Ebenso lasse sich das Verhalten des Staates als Nichterfüllung der positiven Pflicht zur Sicherung der Durchsetzung der Eigentümerinteressen interpretieren. Da beide Kategorien an den gleichen

Maßstäben zu messen seien, komme es auf eine genaue Zuordnung letztlich nicht an (Rn. 72–76).

(3) Rechtfertigung

Im Rahmen der Rechtfertigungsprüfung akzeptierte der Gerichtshof zunächst die Einschätzung der Regierung der Russischen Föderation, dass es im öffentlichen Interesse liege, die Urožaj-90-Schecks nicht abzulösen. Denn so könne eine übermäßige Belastung des Staatshaushalts vermieden werden, der angesichts des turbulenten Übergangs von Planwirtschaft zur Marktwirtschaft in den 90er Jahren und durch die Finanzkrise von 1998 gefährdet sei. Trotz eines wirtschaftlichen Aufschwungs in den Jahren vor dem Urteil hätten die Haushaltsprioritäten zugunsten von Ausgaben für dringende soziale Probleme und zulasten von lediglich monetären Ansprüchen Einzelner gesetzt werden dürfen (Rn. 73 f.).

Gibt sich der Gerichtshof auf der Ebene des Eingriffsziels noch ‚großzügig', so fällt die Einschätzung des Ausgleichs zwischen öffentlichem und individuellem Interesse deutlich kritischer aus: Indem der Staat durch das Warenscheckgesetz die Urožaj-90-Schecks als interne Staatsschulden anerkannt habe, habe er sich freiwillig gegenüber den Scheckinhabern zur Ablöse verpflichtet und dieses Versprechen über viele Jahre hinweg nicht eingelöst (Rn. 82). Art. 1 ZP-EMRK verpflichte aber die Konventionsstaaten nicht nur dazu, ihre Gesetze zu beachten und in einer vorhersehbaren und konsistenten Weise anzuwenden, sondern auch die rechtlichen und praktischen Bedingungen für ihre Umsetzung sicherzustellen. Der russische Gesetzgeber und die russischen Behörden hätten daher binnen angemessener Frist die Rahmenbedingungen für die Ablösung der Schecks schaffen müssen. Für den Gerichtshof war noch nicht einmal erkennbar, dass in der Zeit zwischen 1995 und 2009 irgendwelche Ermittlungen angestellt worden wären, um die finanzielle Belastung durch eine Ablöse der Schecks festzustellen. Ohne entsprechende Erkenntnisse sei eine angemessene Abwägung zwischen öffentlichen und individuellen Interessen überhaupt nicht möglich gewesen. Obwohl es also grundsätzlich in Betracht komme, rein monetäre Individualinteressen zugunsten des Gemeininteresses hintanzustellen, habe der russische Staat seine Untätigkeit mit Blick auf die Urožaj-90-Schecks nicht hinreichend begründen können. Die Russische Föderation habe daher die Eigentumsrechte der Beschwerdeführer verletzt (Rn. 83 f.).

cc) Nachspiel

Das Verfahren vor dem EGMR zeitigte bereits ein ‚Nachspiel', bevor es überhaupt abgeschlossen war. Denn auf den Beschluss des Gerichtshofs hin, die Individualbeschwerden zuzulassen, erließ die Staatsduma im Juli 2009 ein Gesetz über den

Aufkauf der Urožaj-90-Schecks, der bis Ende 2010 abgeschlossen werden sollte. Die Inhaber der Schecks erhielten eine Ablöse von einem Tausendstel des Nominalwerts. Im Fall des Hauptbeschwerdeführers *Malysh* belief sich der Ablösebetrag damit auf etwa 17 EUR. Der Gerichtshof billigte diese geringe Summe in einem *obiter dictum*, in dem er ausführte, dass bei der Bemessung einer Entschädigung die ursprüngliche Qualität der Schecks als bloße Bezugsscheine sowie der Umstand, dass der Wertverlust nicht auf den Staat zurückzuführen sei, einbezogen werden dürften (Rn. 81). Als immaterielle Entschädigung für die Verletzung ihrer Eigentumsrechte durch die verzögerte Ablösung wurden den Beschwerdeführern vom Gerichtshof immerhin 1.800,- EUR zugesprochen, die der russische Staat auch zügig bezahlte.[26] Damit fand die Urožaj-90-Thematik endgültig ihr Ende.

b) Rentenreform

Das zweite Urteil, das ich Ihnen vorstellen möchte,[27] ist eines aus einer Reihe von Judikaten, in denen sich der Gerichtshof mit dem Altersrentensystem in Russland auseinanderzusetzen hatte. Auch diese Thematik betrifft ein typisches Transformationsproblem: die Umstellung vom sowjetischen Sozialsystem auf ein „modernes" System der sozialen Sicherung. Dass dieses Problem unter dem Gesichtspunkt des Eigentumsschutzes zu diskutieren ist, ist dem Umstand zu verdanken, dass der EGMR in ständiger Rechtsprechung davon ausgeht, dass vermögenswerte Ansprüche gegen den Staat, auf welcher Rechtsgrundlage sie auch immer beruhen mögen, Eigentumspositionen im Sinne von Art. 1 ZP-EMRK darstellen.[28] Damit fallen auch sozialversicherungsrechtliche Ansprüche in den Schutzbereich des konventionsrechtlichen Eigentumsgrundrechts. Aus deutscher Perspektive ist dabei besonders bemerkenswert, dass diesen Ansprüchen kein eigener Beitrag des Versicherten gegenüberstehen muss.

aa) Sachverhalt

Zum Sachverhalt: Die Beschwerdeführerin, Frau Bulgakova, wurde 1933 geboren und bezog seit 1988 eine Altersrente. Ab Februar 1998 wurden ihre Rentenansprüche nach einer gesetzlich neu eingeführten Methode, nämlich einem „individuellen Multiplikator" berechnet, mit dem die Rentenhöhe an die früheren Einkünfte des Rentners gekoppelt werden sollte. Der Multiplikator der Beschwerdeführerin wurde von der zuständigen Rentenbehörde auf 0,525 festgelegt. Dagegen

26 Ministerkomitee, Resolution vom 26.09.2012, Nr. CM/ResDH(2012)134.
27 EGMR, Urt. v. 18.01.2007, Beschw. Nr. 69524/01, *Bulgakova/Russland*.
28 EGMR, Urt. v. 18.01.2007, Beschw. Nr. 69524/01, *Bulgakova/Russland*, Rn. 31 m. w. N.

klagte die Beschwerdeführerin vor dem Bezirksgericht. Dieses stellte fest, dass die Rentenbehörde das Rentengesetz falsch ausgelegt habe und einen Multiplikator von 0,7 hätte anwenden müssen. Die Behörde wurde verpflichtet, die Rente entsprechend neu zu berechnen und auszuzahlen. Die Berufung der Behörde gegen das Urteil wurde zurückgewiesen, wodurch das Urteil rechtskräftig wurde.

Wenig später gab das Arbeitsministerium der Russischen Föderation eine Verwaltungsvorschrift an die Behörden heraus, die die Anwendung des neuen Rentengesetzes klarstellen sollte. Die dagegen beim Obersten Gericht erhobene Klage von anderen Betroffenen wurde mit der Begründung abgewiesen, dass das Arbeitsministerium zum Erlass der Verwaltungsvorschrift befugt war und dass die darin vorgegebene Auslegung des Rentengesetzes zutreffend sei.

In der Folge beantragte die Rentenbehörde beim Bezirksgericht, den Fall *Bulgakova* wiederaufzunehmen. Es hätten sich mit der Verwaltungsvorschrift und dem Urteil des Obersten Gerichtshofs neue Umstände ergeben, die bei der Urteilsfindung noch nicht hätten berücksichtigt werden können. Aus der Verwaltungsvorschrift ergebe sich, dass die ursprüngliche Berechnung des Rentenanspruchs richtig gewesen sei. Das Verfahren wurde daraufhin vom Bezirksgericht, gestützt auf Art. 333 der Zivilprozessordnung von 1964, wiederaufgenommen und die Klage der Beschwerdeführerin abgewiesen. Art. 333 ZPO 1964 sah unter anderem die Wiederaufnahme des Verfahrens vor, wenn nach der Rechtskraft des Urteils Umstände „neu bekannt geworden" – im englischen „newly discovered" – werden, die dem jeweiligen Verfahrensbeteiligten nicht bekannt waren und nicht bekannt sein konnten.

Die Beschwerdeführerin rügte in ihrer Individualbeschwerde zum EGMR neben der Verletzung ihres Eigentumsrechts auch einen Verstoß gegen das Recht auf ein faires Verfahren nach Art. 6 Abs. 1 EMRK.

bb) Entscheidung des Gerichtshofs

Der Gerichtshof war zunächst darum bemüht klarzustellen, dass das Konventionsrecht kein Recht zum Eigentumserwerb kenne und daher insbesondere auch kein Recht auf Sozialleistungen umfasse. Die Konventionsstaaten seien frei darin zu entscheiden, ob und welches Sozialsystem sie einrichten, welche Arten von Sozialleistungen sie gewähren und in welcher Höhe diese Leistungen gewährt werden sollen. Auch die bloße Aussicht auf eine Rente sei nicht eigentumsrechtlich geschützt. Sobald ein Rentenanspruch aber festgestellt worden sei – im Fall *Bulgakova* durch ein rechtskräftiges Urteil –, handele es sich unzweifelhaft um eine Eigentumsposition, und der Schutzbereich des Art. 1 ZP-EMRK sei eröffnet (Rn. 31).

Die eigentliche Grundrechtsprüfung beginnt der Gerichtshof mit dem Recht auf ein faires Verfahren. Er betont unter Verweis auf seine Rechtsprechung, dass es mit diesem Grundrecht grundsätzlich vereinbar sei, rechtskräftige Urteile aufzuheben, wenn nach dem Eintritt der Rechtskraft neue Umstände zutage träten. Allerdings müsse sich die Rechtskraftdurchbrechung darauf beschränken, grobe Fehlentscheidungen zu korrigieren (Rn. 34). Besonders kritisch steht das Konventionsrecht in diesem Zusammenhang rückwirkender Gesetzgebung gegenüber, wenn diese einen Rechtsstreit beeinflusst, an dem der Staat selbst beteiligt ist (Rn. 35).

Im konkreten Fall bezweifelt der Gerichtshof bereits, dass mit der höchstrichterlich bestätigten Verwaltungsvorschrift ein „neu bekannt gewordener" („newly discovered") Umstand vorgelegen habe, der die Wiederaufnahme des Verfahrens nach nationalem Recht gerechtfertigt hätte. Denn die Verwaltungsvorschrift habe zum Zeitpunkt der Entscheidung noch überhaupt nicht existiert, sei also ein „neuer" („new"), nicht aber ein „neu bekannt gewordener Umstand" (Rn. 39). Vorstellbar sei aber eine Rechtskraftdurchbrechung wegen einer Änderung der Rechtslage. Dies komme besonders bei gesetzlichen Rentenregelungen in Betracht, die einem steten Wandel unterworfen seien, so dass ein richterliches Urteil keine Garantie gegenüber künftigen Rechtsänderungen darstelle (Rn. 41). Allerdings dürfe der Staat nicht willkürlich in die Rechtsprechung eingreifen, etwa dadurch, dass bei einem verlorenen Rechtsstreit eine Wiederaufnahme durch rückwirkende Änderung der zugrundeliegenden Rechtsvorschriften herbeigeführt werde (Rn. 42). Genau diesen Vorwurf macht der Gerichtshof den russischen Behörden und Gerichten im Fall *Bulgakova*: Der einzige Grund für die Wiederaufnahme des Verfahrens sei die nachträglich erlassene Verwaltungsvorschrift gewesen, die noch nicht einmal die Rechtslage geändert, sondern lediglich eine Auslegung bestehender Rechtsvorschriften vorgegeben habe. So habe sich die russische Sozialverwaltung gleichsam selbst einen Wiederaufnahmegrund konstruiert, um ein Urteil zu beseitigen, mit dem sie zu Leistungen verpflichtet worden sei. Damit wurde nach Ansicht des Gerichtshofs das Recht auf ein faires Verfahren verletzt (Rn. 43 f.).

Zudem verstieß nach Auffassung der Straßburger Richter das Verhalten der russischen Behörden und Gerichte gegen Art. 1 ZP-EMRK. Die Aufhebung des Urteils, in dem deren Rentenanspruch festgestellt worden war, stellt demnach „eindeutig" einen Eingriff in das Eigentumsgrundrecht dar (Rn. 45). Zwar könne ein solcher Eingriff gerechtfertigt werden, um ein Fehlurteil zu korrigieren. Denn diese Zwecksetzung liege im öffentlichen Interesse. Der Gerichtshof bezweifelt aber bereits, dass ein solcher Zweck im konkreten Fall verfolgt worden sei (Rn. 46). Jedenfalls sei der Eingriff aber unverhältnismäßig. Grundsätzlich sei eine Neuberechnung von Rentenansprüchen nicht zu beanstanden, etwa um eine gleichmäßige Anwendung der Rentengesetze zu gewährleisten. Soweit die Neuberechnung aber zu einer Verringerung der bereits geschuldeten Rentenleistungen führe, stelle dies eine unangemessene Belastung des Einzelnen dar, die mit der konventionsrechtlichen Eigentumsgarantie unvereinbar sei (Rn. 47).

cc) Nachspiel

Auch dieser Fall nahm ein „gutes Ende“: Infolge der EGMR-Entscheidung kam es zu einem Vergleich zwischen der Russischen Föderation und der Beschwerdeführerin, wonach dieser für die erlittenen Grundrechtsverletzungen eine Entschädigung von 1.500,- EUR gewährt wurde.[29]

4. Einordnung und Bewertung

Die beiden Fälle illustrieren einerseits die Besonderheiten des konventionsrechtlichen Eigentumsschutzes: Der Schutzbereich ist weit; er erfasst sogar eigentümliche Arten von Staatsschuldverschreibungen und Rentenansprüche. Dafür gesteht der Gerichtshof den Konventionsstaaten bei der Gestaltung ihrer Eigentumsordnung weite Spielräume zu. In beiden Urteilen werden wiederholt die nationalen Einschätzungsprärogativen im Wirtschafts- und Sozialbereich betont, mit dem das Eigentum als gesellschaftliche Institution mit wirtschaftlichen Funktionen eng verknüpft ist. Der Gerichtshof stilisiert das Privateigentum nicht zu einem libertären Superrecht, sondern sieht es deutlich in seiner Abhängigkeit von Staat und Gesellschaft. Auch ohne eine Sozialbindungsklausel, wie sie etwa das deutsche Verfassungsrecht kennt, ist das konventionsrechtliche Eigentum sozial gebunden.

Die Grenzen dieser sozialen Bindung sind dann überschritten, wenn der Staat den einzelnen Eigentümer unfair oder willkürlich behandelt oder ihm eine „übermäßige Last auferlegt“, wie der Gerichtshof formuliert. Die Fälle *Malysh* und *Bulgakova* sind stark von einem derart unfairen Verhalten des Staates geprägt. In beiden Fällen hat der russische Staat dem Einzelnen etwas „versprochen“ und dieses Versprechen nicht eingelöst, ja im Fall *Bulgakova* sogar aktiv gebrochen. Ein solches Verhalten ist für den EGMR auch in Transformationszeiten nicht akzeptabel. Hier sieht er sich aufgerufen, disziplinierend einzugreifen.

Dabei geht es aber nicht, wie bisweilen kolportiert, um eine planmäßige Einmischung Straßburgs in nationale Angelegenheiten. Gerade im Bereich des

29 EGMR, Urt. v. 10.06.2006, Beschw. Nr. 69524/01, *Bulgakova/Russland* (Entschädigung).

Eigentumsschutzes hütet sich der Gerichtshof davor, die einzelstaatlichen Handlungsspielräume allgemein einzugrenzen. Vielmehr geht es um die Korrektur von „individuellen Ungerechtigkeiten", von Willkür, die nicht gleich „Staatswillkür" in einem plakativen Sinne sein muss, sondern als unangemessene Behandlung des Einzelnen von der Öffentlichkeit noch nicht einmal wahrgenommen wird. Für diese Fälle ist der EGMR eine durchsetzungsmächtige letzte Instanz.

5. Fazit

Will man für die Transformationsprozesse in der russischen Sozial- und Wirtschaftsordnung aus alledem ein praktisches Fazit ziehen, erscheint es geboten, konsistente Gesetzgebung zu betreiben, die kohärent und zuverlässig von Behörden und Gerichten umgesetzt wird und individuelle Härten vermeidet. Das ist gewiss eine Minimalforderung, die eine Vielzahl von rechtspolitischen Wünschen nicht trägt. Solche Desiderate müssen ihre argumentative Stütze anderswo suchen. Das Konventionsrecht beschränkt sich auf einen Mindeststandard, verschafft diesem aber konsequent Geltung, wie in der Eigentumsrechtsprechung des EGMR deutlich wird.

Trotz der weitreichenden Handlungsspielräume die das Konventionsrecht den Staaten im Eigentumsbereich belässt, kommt die Eigentumsordnung Russlands besonders häufig in Konflikt mit den Vorgaben der EMRK. Dies belegen die eingangs zitierten Urteilsstatistiken. Ohne alle 516 Eigentumsfälle überblicken zu können, in denen die Russische Föderation in den letzten 18 Jahren vor dem Gerichtshof unterlegen ist, liegt die Vermutung nahe, dass Gesetzgebung und Verwaltungspraxis in Russland noch nicht das Maß an Konsistenz und Kohärenz erreicht haben, das konventionskonforme Zustände garantiert. Hier gibt es – wie auch die Fälle *Malysh* und *Bulgakova* gezeigt haben – noch einigen Verbesserungsbedarf.

Welche Bedeutung der konventionsrechtliche Eigentumsschutz für die russische Eigentumsordnung künftig haben wird, vermag ich kaum zu prognostizieren. Das russische Recht ist zumindest formal für Impulse aus Straßburg ausgesprochen offen, wie Art. 15 Abs. 4 der Verfassung belegt. Demnach sind die völkerrechtlichen Verträge der Russischen Föderation Bestandteil ihres Rechtssystems.[30] Legt ein völkerrechtlicher Vertrag der Russischen Föderation andere Regeln fest als die gesetzlich vorgesehenen, werden die Regeln des völkerrechtlichen Vertrages angewandt.

30 Vgl. *Nußberger* / *Safoklov* in *Wieser* (Hrsg.), Handbuch der Russischen Verfassung, 2014, Art. 15 Rn. 31–36.

Das Verfassungsgericht der Russischen Föderation hat bekanntlich mit einer aufsehenerregenden Entscheidung vom 14. Juli 2015 den Vorrang der Russischen Verfassung vor der EMRK betont.[31] Es könnte in der Zukunft vermehrt dazu kommen, dass Vorgaben aus Straßburg für verfassungswidrig und damit unbeachtlich erklärt werden. Angesichts der weiten einzelstaatlichen Spielräume in Eigentumsfragen sollte ein solcher Konflikt in diesem Bereich eigentlich nicht zu erwarten sein. Defizite in Gesetzgebung, Verwaltung und Rechtsprechung der Russischen Föderation könnten ihn aber dennoch künftig aktuell werden lassen. Der EGMR wird dann auf die Einhaltung des im Konventionsrecht niedergelegten Mindeststandards pochen. Nicht mehr, aber auch nicht weniger.

31 Vgl. dazu *von Gall*, Russland und der EGMR: Mitgliedschaft mit eigenen Regeln, Russland-Analysen Nr. 304, 2 ff.

Univ.-Prof. DDr. Bernd Wieser

Die Eigentumsverfassung Russlands – Reminiszenz an das Sowjeterbe oder Sinnhaftigkeit der Diversifizierung von Eigentumsformen?

I. Einleitung

Nach Art. 8 Abs. 2 der Verfassung der Russländischen Föderation vom 12.12.1993 (fortan: Verf RF) werden in der Russländischen Föderation private, staatliche, kommunale und andere Formen des Eigentums gleichermaßen anerkannt und geschützt. Diese Norm ist die zentrale Vorschrift der gegenwärtigen Eigentumsverfassung Russlands.[1] Sie sticht insofern sofort ins Auge, als sie – für westliche Juristen ungewöhnlich – nach Subjekten gegliederte Eigentumsformen vorschreibt. Im vergleichenden Kontext ist die Vorschrift freilich nicht ungewöhnlich. Vergleichbare Bestimmungen enthalten auch die Verfassungen der Ukraine, Weißrusslands, Kasachstans, Bulgariens, Rumäniens und Serbiens.[2] Ein etwas vorschnelles, um nicht zu sagen unwissenschaftliches Resümee könnte damit lauten: Eine nach Subjekten diversifizierende Eigentumsverfassung weisen Staaten des vormaligen sowjetisch-sozialistischen Rechtskreises auf, und zwar typischerweise gerade jene Staaten, die sich mit der Überwindung des Sowjeterbes besonders schwer tun.

---

1 Daneben seien schon an dieser Stelle die Art. 9 sowie 34–36 Verf RF hervorgehoben.

2 Vgl. Art. 41 Verfassung der Ukraine von 1996, Art. 13 Verfassung Weißrusslands von 1994, Art. 6 Verfassung Kasachstans von 1995, Art. 17 Verfassung Bulgariens von 1991, Art. 135 Verfassung Rumäniens von 1991, Art. 86 Verfassung Serbiens von 2006.

Die Teilung in private, staatliche, kommunale und andere Formen des Eigentums in Russland ist dergestalt natürlich nicht zufällig, sondern weist eine Genese auf, die auf eine schrittweise Abschüttlung des seinerzeit allein maßgeblichen sozialistischen bzw staatlichen Eigentums hinausläuft. In der Verfassung der RSFSR vom 12.4.1978[3] – als der Sozialismus gleichsam noch „in voller Blüte stand" – lautete der einschlägige Art. 10 wie folgt:[4] „Grundlage des Wirtschaftssystems der RSFSR ist das sozialistische Eigentum an den Produktionsmitteln in Form von staatlichem Eigentum (Eigentum des gesamten Volkes) und von Kolchos- und Genossenschaftseigentum (1). Sozialistisches Eigentum ist auch das Vermögen der gewerkschaftlichen und anderen gesellschaftlichen Organisationen, das diese für die Erfüllung ihrer satzungsgemäßen Aufgaben benötigen (2). Der Staat schützt das sozialistische Eigentum und schafft die Bedingungen für seine Mehrung (3). Niemand ist berechtigt, das sozialistische Eigentum zum persönlichen Gewinn und zu anderen eigennützigen Zwecken zu verwenden (4)." Nach Art. 11 Abs. 1 const cit war das Staatseigentum die Hauptform des sozialistischen Eigentums, Art. 12 const cit handelte vom Kolchos- und Genossenschaftseigentum, und Art. 13 Abs. 1 const cit begrenzte das sog persönliche (nicht: private) Eigentum der Bürger auf das Arbeitseinkommen, Gegenstände des täglichen Gebrauchs, des persönlichen Bedarfs und Komforts sowie der häuslichen Nebenwirtschaft, das Wohnhaus und die erarbeiteten Ersparnisse.[5]

Diese hier nur skizzenhaft dargestellte Eigentumsverfassung nach der Stammfassung der Verfassung der RSFSR von 1978 wurde Anfang der 90er Jahre des vorigen Jahrhunderts in zwei Etappen wesentlich umgestaltet. Durch die Verfassungsnovelle vom 15.12.1990[6] wurde Art. 10 komplett umformuliert. An die Spitze der Bestimmung (konkret: Abs. 1) wurde das programmatische Bekenntnis gestellt, dass das Recht des Eigentums in der RSFSR vom Staat anerkannt und geschützt wird. Es folgt jene Bestimmung (Abs. 2), wonach der Staat die für die Entwicklung der verschiedenartigen Eigentumsformen notwendigen Voraussetzungen schafft und für alle Eigentumsformen den gleichen Schutz gewährleistet. Die derart apostrophierten „verschiedenartigen Eigentumsformen" wurden gleichwohl auf Verfassungsebene ausgeformt. Art. 11[1] handelte vom Staatseigentum der RSFSR, welches allerdings nicht mehr die Hauptform des sozialistischen Eigentums, son-

3 Vedomosti Verchovnogo Soveta RSFSR 1978, Nr. 15, Pos. 407.

4 Gleichlautend Art. 10 der Verfassung der UdSSR vom 7.10.1977, Vedomosti Verchovnogo Soveta SSSR 1977, Nr. 41, Pos. 617.

5 Gleichlautend wiederum die Art. 11–13 der Verfassung der UdSSR aus 1977.

6 Vedomosti S-ezda narodnych deputatov RSFSR i Verchovnogo Soveta RSFSR 1990, Nr. 29, Pos. 395.

dern Gut des multinationalen Volkes der RSFSR war. Art. 12 sah Eigentum der Sowchosen, Kolchosen, Genossenschaftsorganisationen, Bauernwirtschaften und ihrer Vereinigungen vor, und in Art. 13 wurde statt des „persönlichen Eigentums" das Eigentum der Bürger als neue Eigentumskategorie geschaffen.

Diese, hier wiederum nur überschlägig gestreifte Verfassungsrechtslage bestand nur zwei Jahre. Durch die Verfassungsnovelle vom 9.12.1992[7] bekam Art. 10 der Verfassung der RSFSR aus 1978 einen wiederum völlig veränderten Inhalt. In dieser Fassung waren in der Russländischen Föderation die folgenden Eigentumsformen anerkannt und geschützt: das Privateigentum (der juristischen Personen und der Bürger), das Kollektiveigentum (Gesamthandeigentum und Miteigentum), das Staatseigentum, das Munizipaleigentum und das Eigentum der gesellschaftlichen Vereinigungen (1). Der Staat hatte die Voraussetzungen für die Entwicklung der verschiedenartigen Eigentumsformen zu schaffen und für alle diese Formen den gleichen Schutz zu gewährleisten (2).

Die zitierte Novelle fiel in eine Phase, wo bereits zweieinhalb Jahre an der Ausarbeitung einer völlig neuen Verfassung Russlands gearbeitet wurde. Ohne die komplizierte Entwicklungsgeschichte hier nachzeichnen zu können,[8] darf darauf hingewiesen werden, dass bereits in einigen der verschiedenen vorgelegten – nennen wir es so: – Privatentwürfen nach Subjekten diversifizierende Eigentumsformen, und zwar zumindest in Form einer Zweiteilung Staatseigentum – Privateigentum, vorgesehen waren.[9] Nicht vorenthalten werden soll hier das von einem extremen „Retro-Zuschnitt" durchwehte Projekt der Russischen Kommunistischen Arbeiterpartei RKAP, welches im geplanten Art. 9 lautete: „Die wirtschaftliche Grundlage der RSFSR bildet das gesellschaftliche Eigentum an Produktionsmitteln in Form des sowjetischen Volks- und kollektiven sowie persönlichen Eigentums der einzelnen Bürger oder Gruppen einzelner Bürger (1).

---

7 Vedomosti S-ezda narodnych deputatov Rossijskoj Federacii i Verchovnogo Soveta Rossijskoj Federacii 1993, Nr. 2, Pos. 5.

8 Vgl. nur statt vieler *O. Luchterhandt*, Einleitung, in: B. Wieser (Hrsg), Handbuch der russischen Verfassung, Wien 2014, Rz. 20 ff.; *Th. Schweisfurth*, Die Verfassung Rußlands vom 12. Dezember 1993. Entstehungsgeschichte und Grundzüge, EuGRZ 1994, 473 (474 und 476 ff.).

9 Vgl. den Entwurf (insbesondere Art. 45) der Arbeitsgruppe unter der Leitung von *S.M.Šachraj*, in deutscher Übersetzung abgedruckt bei J. Traut (Hrsg), Verfassungsentwürfe der Russischen Föderation, Baden-Baden 1994, 80 ff.; ferner den Entwurf (insbesondere Art. 15) der Internationalen Stiftung „Reform" (Traut, aaO, 184 ff.); nicht eindeutig der Entwurf (insbesondere Art. 5 und 37) der Arbeitsgruppe unter Leitung von *A.A. Sobčak* (Traut, aaO, 116 ff.); anders wohl der Entwurf (insbesondere Art. 14) der Arbeitsgruppe unter Leitung von *D.A. Čegodaev* (Traut, aaO, 155 ff.).

Die schmarotzerhaften Eigentumsformen, die auf der Ausbeutung des Menschen durch den Menschen aufbauen, werden als deformierende Prinzipien der sozialen Gerechtigkeit nicht zugelassen (2).“[10]

Im Entwurf der „offiziellen“ Verfassungskommission der Russländischen Föderation mit Stand 8.5.1993 war in Art. 9 Abs. 1 die „Gleichberechtigung der Eigentumsformen“ angesprochen; in den Art. 57 und 58 ist von privatem, staatlichem „und anderem“ Eigentum die Rede.[11] Im Gegenentwurf des Präsidenten – Stand 30.4.1993 – findet sich demgegenüber eine derartige Teilung nicht (vgl. Art. 21).[12] Im Entwurf der Verfassunggebenden Versammlung („Verfassungsberatung“) mit Stand 12.7.1993 war hingegen in Art. 8 Abs. 2 bereits die später Verfassungstext gewordene Formulierung enthalten.[13]

Gegenstand der nachfolgenden Ausführungen soll die Untersuchung sein, ob und inwieweit die Entscheidung des russischen Verfassunggebers 1993 für ein Konzept der geteilten Eigentumsformen – salopp gesagt – Sinn macht oder sich als altsowjetischer Bremsklotz für eine volle Entfaltung der Eigentumsfreiheit in dem uns vertrauten Sinn erweist. Freilich muss sogleich eine gewichtige Einschränkung gemacht werden. In den Fokus genommen werden nicht die sich fraglos stellenden mannigfaltigen zivilrechtlichen Fragestellungen, sondern lediglich die verfassungsrechtlichen Ausstrahlungswirkungen. Diese sollen primär anhand der einschlägigen Judikaturlinien des russischen Verfassungsgerichts, im Übrigen aber mit dem Instrumentarium der „klassischen“ Verfassungsinterpretation aufgehellt werden.[14]

In dem so verengten Rahmen soll drei Fragestellungen nachgegangen werden. Zunächst wird die Frage abgehandelt, ob und inwieweit die russische Verfassung dem Gesetzgeber eine Verpflichtung auferlegt, tatsächlich die in Art. 8 Abs. 2 Verf RF vorgesehenen Eigentumsformen umzusetzen und institutionell auszugestalten. Ein zweiter Themenbereich wird um die Problematik kreisen, ob die Verfassung Vorgaben enthält, welche Objekte in welcher Eigentumsform stehen müssen bzw dürfen. Und schließlich soll analysiert werden, ob und inwiefern – wie in der Vorschrift an sich postuliert – der Gesetzgeber ein gleiches Schutzniveau für alle in Art. 8 Abs. 2 Verf RF genannten Eigentumsformen gewähren muss.

---

10 Traut, aaO, 57 ff.

11 Traut, aaO, 254 ff.

12 Traut, aaO, 307 ff.

13 Traut, aaO, 341 ff.

14 Zu diesem methodischen Zugang siehe *B. Wieser*, Vorwort, in: B. Wieser (Hrsg), Handbuch der russischen Verfassung, Wien 2014, V ff.

II. Unterschiedliche Eigentumsformen - Gesetzgebungsauftrag?

Art. 8 Abs. 2 Verf RF lässt von seinem Wortlaut her keinen Zweifel: Die Formulierung, dass die dort genannten Eigentumsformen gleichermaßen „anerkannt" (*priznajutsja*) und „geschützt" (*zaščiščajutsja*) werden, muss als einschlägiger Gesetzgebungsauftrag gewertet werden.[15] Der (Zivilrechts-)Gesetzgeber ist also von Verfassung wegen verpflichtet, die in Art. 8 Abs. 2 Verf RF genannten Eigentumskategorien - privates, staatliches, munizipales Eigentum - institutionell vorzusehen und auszugestalten; die - uns geläufige - Statuierung eines einheitlichen Eigentumsrechts ist ihm verwehrt.

Anders wird man das in Bezug auf die in Art. 8 Abs. 2 Verf RF ferner apostrophierten „anderen" (*inye*) Eigentumsformen zu sehen haben. Die Verankerung solcher anderer Eigentumsformen ist lediglich eine Option, von der der (Zivilrechts-)Gesetzgeber Gebrauch machen kann, aber nicht muss. Der einfache Gesetzgeber könnte also auch ein gesellschaftliches, genossenschaftliches, betriebliches usw Eigentum schaffen. Die Institutionalisierung eines sozialistischen Eigentums im Sinne einer Präponderanz dieser Eigentumsform ist ihm aber jedenfalls verwehrt.

Der Gesetzgeber kann aber auch innerhalb der verfassungsrechtlich petrifizierten Eigentumsformen Unterformen schaffen. Dies lässt sich mit einer Art Größenschluss begründen: Darf der Gesetzgeber gleichsam „außerhalb" der verfassungsrechtlich anerkannten Eigentumsformen weitere Eigentumskategorien kreieren, so darf er das wohl umso mehr „innerhalb" jener Eigentumsformen. Oder anders betrachtet: Unterformen von verfassungsrechtlich petrifizierten Eigentumsformen können als „andere" (*inye*) Eigentumsformen aufgefasst werden. Der Gesetzgeber könnte also etwa das staatliche Eigentum in Bundeseigentum (föderales Eigentum) und Eigentum der bekanntlich unterschiedlich benannten Gliedstaaten bzw Subjekte der Russländischen Föderation[16] aufspalten. Er könnte zwischen Staatseigentum im eigentlichen Sinn und Eigentum staatlicher Organisationen und ebenso zwischen munizipalem Eigentum und Eigentum munizipaler Organisationen differenzieren.

Ein kurzer Blick auf die einfache Gesetzeslage zeigt, dass die Dinge wie folgt geregelt sind: Art. 212 Abs. 1 des Zivilgesetzbuches[17] (fortan: ZGB) - die Bestimmung

15 Vgl. auch *H.-J. Schramm*, Art. 8, in: B. Wieser (Hrsg), Handbuch der russischen Verfassung, Wien 2014, Rz. 8: „Bestandsgarantie für die in der Vf festgeschriebene Unterscheidung verschiedener Formen des Eigentums in Anknüpfung an das jeweilige Subjekt".

16 Vgl. Art. 5 und 65 Verf RF.

17 Erster Teil, SZRF 1994, Nr. 32, Pos. 3301.

steht unter dem Titel „Subjekte des Eigentumsrechts" – wiederholt zunächst im Kern die Vorschrift des Art. 8 Abs. 2 Verf RF. Nach Art. 212 Abs. 2 ZGB kann sich Vermögen im Eigentum von Bürgern und (offensichtlich gemeint: privaten) juristischen Personen, ebenso aber auch der Russländischen Föderation, der Subjekte der Russländischen Föderation und von munizipalen „Gebilden" (*obrazovanij*) befinden. Offensichtlich werden also innerhalb des privaten und des staatlichen Eigentums Unterformen geschaffen, nicht aber innerhalb des munizipalen Eigentums.

Die Art. 213–215 ZGB bestätigen diesen Befund. Hervorzuheben ist, dass staatlichen Unternehmen und Einrichtungen bzw munizipalen Unternehmen und Einrichtungen nur Nutzungsrechte zustehen, nicht aber das Eigentum im formellen Sinn (vgl. Art. 214 Abs. 4 und Art. 215 Abs. 3 ZGB).

Geht man noch einmal auf die Frage zurück, ob der einfache Gesetzgeber „abseits" der drei verfassungsrechtlich anerkannten Kategorien weitere Eigentumsformen realisiert hat, so ergibt sich aus dem ZGB ein negativer Befund. Hierzu läuft im russischen Schrifttum eine Diskussion, auf die hier nur hingewiesen werden kann. So wird vertreten, dass die in den Fonds der Pflichtversicherung konzentrierten Mittel solches Eigentum darstellen.[18] Immer wieder taucht auch die Idee eines „kirchlichen Eigentums" auf.[19]

III. Eigentumsformen und Eigentumsobjekte

A. Grundsätzliches

Analysiert man die Verf RF nach Vorgaben, welche Eigentumsobjekte in welcher Eigentumsform zu stehen haben bzw stehen dürfen, so fällt zunächst die diesbezüglich einschränkungslose Formulierung des Art. 8 Abs. 2 Verf RF ins Auge. Mehr noch: Die dort gewählte Reihenfolge der Aufzählung der Eigentumsformen ist offenkundig nicht zufällig gewählt. An erster Stelle steht das private Eigentum. Im russischen Schrifttum wird daraus der Schluss gezogen, dass dem Privateigentum eine gewisse Priorität im Kanon der Eigentumsformen zukomme.[20]

---

18 Vgl. *G.A. Gadžiev*, in: V.D. Zor'kin (Red), Kommentarij k Konstitucii Rossijskoj Federacii [Kommentar zur Verfassung der Russländischen Föderation], 3. Aufl., Moskau 2013, 109 f. Ganz anderer Ansatz demgegenüber bei *M.V. Baglaj*, Konstitucionnoe pravo Rossijskoj Federacii [Verfassungsrecht der Russländischen Föderation], 10. Aufl., Moskau 2013, 162.

19 Vgl. nur *V.A. Kikot'*, in: L.V. Lazarev (Red), Kommentarij k Konstitucii Rossijskoj Federacii [Kommentar zur Verfassung der Russländischen Föderation], 3. Aufl., Moskau 2010, 67.

20 Vgl. *G.A. Gadžiev*, in: V.D. Zor'kin (Red), Kommentarij, 106; *M.P. Avdeenkova*, in: Ju.A. Dmitriev/Ju.I. Skuratov (Red), Konstitucija Rossijskoj Federacii. Doktrinal'nyj

Freilich wird richtigerweise erkannt, dass dies nur ein erster Fingerzeig ist. Aus anderen Bestimmungen lassen sich für die untersuchte Frage stärkere Hinweise entnehmen.[21] Insbesondere zu nennen ist Art. 9 Abs. 2 Verf RF. Danach können sich Grund und Boden und die anderen Naturvorräte in privater, staatlicher, kommunaler oder anderer Form des Eigentums befinden. Auch wenn in dieser an Art. 8 Abs. 2 Verf RF angelehnten Formel anders als bei der zuletzt genannten Bestimmung das Wörtchen „gleichermaßen" (*ravnym obrazom*) fehlt, so ergibt sich doch in zweierlei Hinsicht eine starke Betonung des Privateigentums. Art. 9 Abs. 2 Verf RF enthält bezüglich der genannten, typischerweise als national bzw gesamtstaatlich besonders wertvoll und schützenswert eingestuften Güter gerade nicht einen Vorbehalt zugunsten des staatlichen Eigentums nach dem Muster eines Regel-Ausnahme-Verhältnisses. Die Vorschrift könnte ja auch lauten: Grund und Boden und die anderen Naturvorräte stehen im staatlichen (bzw munizipalen) Eigentum, können aber auch im privaten (bzw in einem anderen) Eigentum stehen. Die gewählte Formulierung vermeidet gerade eine solche Präponderanz des staatlichen Eigentums, sondern betont die Gleichwertigkeit aller Eigentumsformen auch in Bezug auf die genannten, für das Staatsganze besonders sensiblen Güter.

Zum anderen - bzw obiger Feststellung vorgelagert - geht aus Art. 9 Abs. 2 Verf RF hervor, dass es keine Art. von Objekten gibt, die sich ausschließlich im staatlichen (oder munizipalen) Eigentum befinden darf. Privates Eigentum kann also danach von Verfassung wegen an allem begründet werden. Dieser Befund hält auch bzw wird bekräftigt, aber auch in bestimmter Weise modifiziert, wenn man die weiteren, auf das Eigentum bezüglichen Vorschriften der russischen Verfassung miteinbezieht. Nach Art. 35 Abs. 1 Verf RF wird das Recht des Privateigentums durch Gesetz geschützt - eine vergleichbare Verfassungsgarantie zugunsten des staatlichen und munizipalen Eigentums fehlt im Übrigen.[22] Gemäß Art. 35 Abs. 2 Verf RF ist jeder berechtigt, Vermögen allein oder gemeinsam mit anderen zu Eigentum zu haben. In beiden Vorschriften findet sich also keine Einschränkung auf bestimmte Güter bzw kein Ausschluss von solchen.[23]

Nach Art. 36 Abs. 1 Verf RF sind die Bürger und ihre Vereinigungen berechtigt, Grund und Boden - und zwar dem Wortlaut und Sinn der Vorschrift nach unabhängig von dessen Nutzungsart - zu Privateigentum zu haben. Die Bestimmung

---

kommentarij (postatejnyj) [Verfassung der Russländischen Föderation. Doktrinkommentar (artikelweiser)], 2. Aufl., Moskau 2013, 34.

21 Vgl. *G.A. Gadžiev*, in: V.D. Zor'kin (Red), Kommentarij, 106 f.

22 Dazu aber noch unten III.

23 Siehe aber sogleich unten.

greift zum einen Art. 9 Abs. 2, zum anderen Art. 35 Abs. 2 Verf RF wieder auf. Im Verhältnis zu Art. 9 Abs. 2 ist Art. 36 Abs. 1 Verf RF insofern weiter, als letztgenannte Bestimmung nicht nur eine institutionelle Garantie, sondern ein echtes subjektives Recht, also ein Grundrecht, enthält. In diesem Punkt trifft sich Art. 36 Abs. 1 mit dem oben genannten Art. 35 Abs. 2 Verf RF; er ist insofern lex specialis zu Art. 35 Abs. 2 Verf RF, als er das Grundrecht auf Eigentum an Grund und Boden Bürgern und ihren Vereinigungen vorbehält.[24]

Nicht eindeutig ist, ob es ein Grundrecht auf Privateigentum an den „anderen Naturvorräten" (also den Bodenschätzen) gibt. Die einschränkungslose Formulierung des Art. 35 Abs. 2 Verf RF würde dafür sprechen. Freilich liefe dies auf einen Wertungswiderspruch hinaus. Art. 36 Abs. 1 Verf RF will in Bezug auf Grund und Boden wohl mit gutem Grund den Kreis der Grundrechtsberechtigten auf die Bürger (und ihre Vereinigungen) einschränken. Geht man davon aus, dass die Bodenschätze im Vergleich zu Grundstücken das höherwertige Gut sind, wäre es schwer erklärlich, der russischen Verfassung unterstellen zu wollen, in Betreff der Bodenschätze ein allgemeines, nicht auf die Staatsbürger beschränktes Menschenrecht bereitzustellen. Vielmehr muss das Fehlen einer dem Art. 36 Abs. 1 Verf RF vergleichbaren Grundrechtsgarantie in Bezug auf die Bodenschätze dergestalt interpretiert werden, dass es kein grundrechtlich geschütztes subjektives Recht auf privates Eigentum an Bodenschätzen gibt.[25]

Zusammenfassend ergibt sich: Objektivrechtlich kann von Verfassung wegen alles, also jedes Gut, jedes Objekt im Privateigentum stehen. Die Verfassung schließt nichts aus und sie enthält auch keine Priorität zugunsten des staatlichen oder munizipalen Eigentums. Subjektivrechtlich besteht ein allgemeines Menschenrecht auf Privateigentum, nur bezüglich von Grund und Boden ist es auf Bürger und deren Vereinigungen eingeschränkt, und betreffend die Naturvorräte besteht keine grundrechtliche Garantie. Und nicht zuletzt und schon jetzt vorweggreifend: Sofern die Judikaturrecherche nicht etwas Wesentliches übersehen hat, finden sich in der Rechtsprechung des russischen Verfassungsgerichts keine Aussagen darüber, dass bestimmte Güter – mit welcher Begründung auch immer (etwa der „Natur der Sache") – sich nicht oder nur ausnahmehaft im Privateigentum befinden dürfen.

---

24 Was aber nach der Judikatur des russischen Verfassungsgerichts nicht ausschließt, dass der Gesetzgeber Ausländern Eigentum an Grundstücken einräumt; vgl. U 23.4.2004 Nr. 8-P, SZRF 2004, Nr. 18, Pos. 1833, und dazu *H.-J. Schramm*, Art. 36, in: B. Wieser (Hrsg), Handbuch der russischen Verfassung, Wien 2014, Rz. 10.

25 So auch mit anderer Begründung *H.-J. Schramm*, Art. 36, in: B. Wieser (Hrsg), Handbuch, Rz. 2.

B. Gebot der Privatisierung staatlichen Eigentums?

Die bislang aufgezeigte doch relativ starke Stellung des Privateigentums führt zur Frage, ob aus der Verfassung ein Gebot der Privatisierung staatlichen Eigentums - d.h. dessen Überführung in Privateigentum - ableitbar ist. Eine ausdrückliche dahingehende Norm enthält die Verf RF nicht. Das russische Verfassungsgericht war mehrfach mit der Frage befasst, zeigte sich aber bislang zurückhaltend.[26] In der - soweit ersichtlich - ersten Entscheidung aus 1995[27] hat das Gericht ein (partielles) Privatisierungsverbot für Kommunalwohnungen (konkret: einzelne Wohnräume) für verfassungsrechtlich unbedenklich erklärt. Besondere Regeln der Privatisierung, die das Recht auf Erwerb von Kommunalwohnungen in privates Eigentum begrenzen, dienten dem Schutz der Interessen jener Mieter, die aus welchen Gründen auch immer ihr Recht auf Privatisierung nicht nutzen. Dies widerspreche nicht Art. 55 Abs. 3 Verf RF - also dem generellen materiellen Grundrechtsvorbehalt[28] - und sei auch mit dem Gleichheitssatz des Art. 19 Verf RF vereinbar. Auf die Konformität mit den oben ausgebreiteten verfassungsrechtlichen Eigentumsverbürgungen ging das Verfassungsgericht nicht ein; freilich hatte das der Kläger auch nicht beantragt.

Drei Jahre später hat das Verfassungsgericht diese Entscheidung allerdings vollkommen umgeworfen.[29] Einleitend hat das Gericht - unter Zitierung von Art. 8 und 34 Verf RF - festgestellt, dass die Privatisierung in der Russländischen Föderation durch den Übergang zu einer Vielfalt von Eigentumsformen und der Freiheit der wirtschaftlichen Tätigkeit begründet (*obuslovlena*) sei. Ein verfassungsrechtliches Privatisierungsgebot hat es allerdings nicht postuliert.[30] Wenn der Gesetzgeber ein Recht auf Privatisierung festschreibe,[31] dann müsse die Re-

26 *V.A. Kikot'*, in: L.V. Lazarev (Red), Kommentarij 61, leitet aus Art. 8 und 9 Verf RF immerhin ab, dass ein gesetzlicher Ausschluss oder eine übermäßige Beschränkung des Übergangs von Grund und Boden und der anderen Naturvorräte in privates Eigentum verfassungswidrig wäre; zustimmend *H.-J. Schramm*, Art. 9, in: B. Wieser (Hrsg), Handbuch der russischen Verfassung, Wien 2014, Rz. 11.

27 Beschl. 5.6.1995, Nr. 32-O.

28 Nur eine kleine Nebenbemerkung: Art. 55 Abs. 3 Verf RF definiert grundrechtliche Eingriffsschranken, setzt also voraus, dass überhaupt der Schutzbereich eines Grundrechtes eröffnet ist. Welches Grundrecht hier also nicht verletzt sei, verrät uns das russische Verfassungsgericht jedoch nicht.

29 U 3.11.1998, Nr. 25-P, SZRF 1998, Nr. 45, Pos. 5603.

30 In einer späteren Entscheidung - U 20.12.2010, Nr. 22-P, SZRF 2011, Nr. 1, Pos. 264 - hat es ein solches sogar ausdrücklich verneint.

31 So die hier vorgenommene „Ausdeutschung".

gelung aber die Prinzipien und Normen der Verf RF beachten (was freilich per se betrachtet banal ist bzw sich von selbst versteht). Die Festlegung eines Kreises von Objekten, die nicht der Privatisierung unterliegen, sei keine Begrenzung „der Rechte und Freiheiten des Menschen und Bürgers", wenn die Zielbestimmung eines Wohnraums, seine örtliche Lage oder andere Umstände, die Besonderheiten des rechtlichen Regimes der Wohnung begründeten, die Möglichkeit seiner Übergabe in privates Eigentum ausschlössen.[32] Im Ergebnis hat das Verfassungsgericht dann mit näherer Begründung unter anderem auf Gleichheitswidrigkeit der Regelung und Verstoß gegen Art. 55 Abs. 3 Verf RF[33] erkannt.[34]

In jüngeren Entscheidungen hat das Verfassungsgericht ausdrücklich herausgestellt, dass das Recht der Bürger auf kostenlose Erwerbung von Wohnraum ins Eigentum im Zuge der Privatisierung keine verfassungsmäßige Verfestigung habe und nicht unter die „Charakteristik der Grundrechte und Grundfreiheiten des Menschen und Bürgers" (Art. 17 Abs. 2 Verf RF)[35] falle. Es entstehe, bestehe und werde als subjektives Recht der konkreten physischen Person verwirklicht, welche faktisch mit den Rechten eines Mieters einen Wohnraum in einem staatlichen oder munizipalen Wohnfonds besitze; das Recht auf kostenlose Privatisierung eines konkreten Wohnraums werde dergestalt vom Bürger kraft Gesetzes erworben und sei von seinem Status als Mieter des Wohnraums abgeleitet.[36] Zugleich sei auch das Recht des Eigentümers betreffend die Entscheidung über die Privatisierung von Wohnräumen aus einem kommunalen Wohnfonds nicht unbegrenzt – nicht nur das Recht des privaten Eigentums, sondern auch das Eigentumsrecht der Subjekte der RF und der munizipalen Gebilde kann durch Gesetz beschränkt werden, wenn eine solche Beschränkung in Bezug auf die verfassungsmäßig geschützten Ziele verhältnismäßig ist.[37]

In einer Reihe von Entscheidungen zur Bodengesetzgebung hat das Verfassungsgericht den breiten Ermessensspielraum des Gesetzgebers bezüglich der Übergabe von Grund und Boden in privates Eigentum betont. Ausgehend von

32 In diesem Sinn auch U 24.10.2000, Nr. 13-P, SZRF 2000, Nr. 44, Pos. 4399; U 15.6.2006, Nr. 6-P, SZRF 2006, Nr. 26, Pos. 2876; U 30.3.2012, Nr. 9-P, SZRF 2012, Nr. 15, Pos. 1811.

33 Wiederum – siehe schon oben FN 28 – verrät das Verfassungsgericht nicht, welches Grundrecht überhaupt betroffen ist.

34 Vgl. ähnlich U 24.10.2000, Nr. 13-P; U 15.6.2006, Nr. 6-P.

35 Danach sind die Grundrechte und Grundfreiheiten des Menschen unveräußerlich und stehen jedem von Geburt an zu.

36 U 15.6.2006, Nr. 6-P; U 30.3.2012, Nr. 9-P.

37 U 30.3.2012, Nr. 9-P.

Art. 36 Verf RF und den Anforderungen des Art. 55 Abs. 3 Verf RF[38], aber auch unter Berücksichtigung der Gewährleistung der Notwendigkeit einer gerechten Balance zwischen den gesellschaftlichen Interessen und den Rechten Privater sei der Gesetzgeber berechtigt, die Bedingungen einer Übertragung von Grundstücken, die sich in staatlichem oder munizipalem Eigentum befinden, in privates Eigentum, darunter auch den Kreis von Objekten, die einer solchen Enteignung nicht unterliegen, festzulegen. Eine wirklich substanzielle Nachprüfung der gesetzgeberischen Entscheidungen ist jeweils unterblieben.[39]

Als Zwischenergebnis ist festzuhalten, dass das Verfassungsgericht kein subjektives verfassungsrechtliches Recht auf Privatisierung anerkannt hat. Wenn aber der Gesetzgeber ein solches Recht einfachgesetzlich festschreibe, dann müsse die konkrete Ausgestaltung den Anforderungen des Verhältnismäßigkeitsprinzips und des Gleichheitssatzes genügen; in dem einen oder anderen Fall ist das Verfassungsgericht auch tatsächlich zu einer Gesetzesaufhebung gelangt.

C. Beschränkung der in staatlichem bzw munizipalem Eigentum befindlichen Objekte?

Man kann die soeben abgehandelte Frage aber auch gleichsam aus anderer Richtung betrachten bzw erschließen. Ist – so die nunmehr verfolgte Fragestellung – das staatliche bzw munizipale Eigentum gegenständlich unbegrenzt, oder lassen sich aus der Verfassung Direktiven für eine Begrenzung des Kreises der sich in Staatseigentum oder Munizipaleigentum befinden dürfenden Objekte bzw Güter ableiten? Bemerkenswerterweise neigt das russische Verfassungsgericht der zweitgenannten Ansicht zu.

In einem Urteil aus 2010[40] hat das Verfassungsgericht unter Rückgriff unter anderem auf Art. 8 Abs. 2 Verf RF herausgestellt, dass der Gesetzgeber die öffentlichrechtliche Natur des munizipalen Eigentums berücksichtigen müsse, kraft derer es – im Unterschied zum Privateigentum – öffentliche Interessen verfolge und

38 Die (isolierte) Zitierung des Art. 55 Abs. 3 Verf RF darf in dem Zusammenhang wohl nicht so verstanden werden, dass das Verfassungsgericht dem Art. 36 Verf RF ein subjektives Recht auf Privatisierung von Grund und Boden entnimmt. Vielmehr lässt das Verfassungsgericht auch hier eine stringente Grundrechtsdogmatik vermissen; siehe zum Problem schon oben die FN 28 und 31.

39 Vgl. Beschl. 15.7.2010, Nr. 1059-O-O; ferner Beschl. 25.2.2010, Nr. 189-O-O; Beschl. 27.5.2010, Nr. 772-O-O; auch Beschl. 15.4.2008 Nr. 322-O-O; Beschl. 25.12.2008, Nr. 1047-O-O; Beschl. 29.1.2009, Nr. 48-O-O; Beschl. 29.1.2009, Nr. 50-O-O. Dazu auch *H.-J. Schramm*, Art. 36, in: B. Wieser (Hrsg), Handbuch, Rz. 11 f.

40 U 20.12.2010, Nr. 22-P. Vgl. auch U 30.3.2012, Nr. 9-P, Beschl. 14.1.2016, Nr. 1-O.

mit der Verwirklichung der Aufgaben und Funktionen der öffentlichen Gewalt verbunden sei; dies impliziere, dass sich im Eigentum „öffentlich-rechtlicher Gebilde" nur jenes Eigentum befinde, das für die Realisierung ihrer öffentlichen Funktionen und Befugnisse in den Angelegenheiten ihrer Kompetenz notwendig sei und die wirtschaftliche Grundlage der Tätigkeit der Organe der öffentlichen Gewalt bilde. Im weiteren Verlauf seiner Argumentation hat das Gericht dann hinzugesetzt, dass in Bezug auf das „öffentliche Eigentum" die „Möglichkeit" (*vozmožnost'*) einer gesetzlichen Regulierung der Bedingungen der Privatisierung jener Unternehmen und Produktionsmittel „zulässig" (*dopustima*) sei, welche nicht unmittelbar mit der Entscheidung von Aufgaben der örtlichen Selbstverwaltung verbunden seien – unter Berücksichtigung der Anforderungen der Art. 8 und 35 Verf RF. Diese Ableitung überrascht bzw ist unvollständig, kann es doch nach dem eingangs vom Verfassungsgericht Festgestellten nicht nur um die Zulässigkeit der Privatisierung von Munizipaleigentum gehen, sondern mehr noch um ein Gebot der Privatisierung des „überschüssigen" Munizipaleigentums. Nachvollziehbar sind hingegen die – allerdings sehr pauschalen – weiteren Ausführungen des Verfassungsgerichts, dass sich aus Gründen der Versorgungssicherheit bestimmte infrastrukturelle Objekte im öffentlichen Eigentum befinden dürfen.[41]

Offen bleibt, ob sich die wiedergegebene Judikaturlinie auch auf das staatliche Eigentum im eigentlichen Sinn bezieht bzw übertragen lässt. Die eine oder andere Floskel im zitierten Urteil – „im Eigentum öffentlich-rechtlicher Gebilde", „das öffentliche Eigentum" – ließe darauf schließen; eine explizite Bestätigung steht aber, soweit ersichtlich, noch aus. Mit dem Wortlaut des Art. 8 Abs. 2 Verf RF – „gleichermaßen anerkannt und geschützt" – ist sie wohl nur schwer unter einen Hut zu bringen bzw setzt eine entsprechende teleologische Reduktion voraus.[42] Jedenfalls läuft sie im Ergebnis auf eine Präponderanz des Privateigentums hinaus.

---

41 Kryptisch hinwiederum ist die vom Verfassungsgericht hingeworfene Aussage, dass die Festlegung der Ziele und Arten der Nutzung der Objekte des munizipalen Eigentums und der Möglichkeit, Fristen und Bedingungen ihrer Privatisierung in den munizipalen Rechtsakten die Beachtung der „verfassungsmäßigen Rechte" der Bevölkerung eines munizipalen Gebildes auf selbstständigen Besitz, Nutzung und Verfügung über die Objekte des munizipalen Eigentums gewährleiste. Siehe zur Idee eines – auf Art. 130 Abs. 1 Verf RF gestützten – kollektiven Grundrechts der örtlichen Selbstverwaltung *H. Küpper/A. Himmelreich*, Art. 130, in: B. Wieser (Hrsg), Handbuch der russischen Verfassung, Wien 2014, Rz. 8.

42 Ablehnend zur Vorstellung, dass das staatliche und munizipale Eigentum gegenständlich begrenzt sei, *G.A. Gadžiev*, in: V.D. Zor'kin (Red), Kommentarij, 108 f (dies allerdings bemerkenswerterweise, ohne auf das U 20.12.2010, Nr. 22-P einzugehen).

IV. Gleicher Schutz aller Eigentumsformen?

In einem letzten Punkt soll nunmehr kurz der Frage nachgegangen werden, ob und inwiefern – wie in der Norm an sich postuliert – der Gesetzgeber ein gleiches Schutzniveau für alle in Art. 8 Abs. 2 Verf RF genannten Eigentumsformen gewähren muss, oder ob hier Abstufungen zulässig sind. Das russische Verfassungsgericht hat hierzu in einer Entscheidung aus 2001[43] aus Art. 8 und Art. 35 Abs. 1 Verf RF abgeleitet, dass alle Eigentumssubjekte die gleichen Möglichkeiten der Verteidigung ihres Eigentums (der Objekte des Eigentums) und der mit ihm verbundenen Interessen haben müssen, in der Regel „ohne irgendwelche Privilegien und Beschränkungen" (*kak pravilo, bez kakich-libo privilegij ili ograničenij*). Eine vorkonstitutionelle Norm des damaligen Arbeitsgesetzbuches, wonach Arbeitnehmer bei rechtskräftiger Verurteilung wegen Diebstahls von staatlichem oder gesellschaftlichem Eigentum am Arbeitsplatz entlassen werden können, müsse daher verfassungskonform so ausgelegt werden, dass sie auch bei Diebstahl von privatem Eigentum anwendbar sei.

Schon zuvor hat – gleichsam in umgekehrter Richtung – das russische Verfassungsgericht in einem Urteil aus dem Jahr 2000[44] die Position eingenommen, dass aus dem gleichen Schutz aller Eigentumsformen folge, dass nicht nur das Recht des Privateigentums, sondern auch das Recht des Eigentums der Subjekte der RF und der munizipalen Gebilde vom (Bundes-)Gesetzgeber nur unter den Voraussetzungen des Art. 55 Abs. 3 Verf RF eingeschränkt werden könne. Eine Regelung, die die Übergabe von im Eigentum der Subjekte der RF oder in munizipalem Eigentum befindlichen Räumlichkeiten, die im Besitz eines Medienunternehmens stehen oder von diesem genutzt werden, an das Medienunternehmen „zur Wirtschaftsführung" (*v chozjajstvennoe vedenie*) steht insofern nicht im Einklang mit der Verf RF, als sie ohne Zustimmung des Eigentümers erfolgt, sofern diese Übergabe ohne entsprechende Entschädigung erfolgt.[45]

Die Entscheidung wirft mehrere grundlegende Fragen auf. Zum einen hätte es sich wohl angeboten, das Postulat des gleichen Schutzes aller Eigentumsformen direkt bzw einzig aus Art. 8 Abs. 2 Verf RF abzuleiten. Das Verfassungs-

---

43 Beschl. 8.2.2001, Nr. 33-O.

44 U 22.11.2000, Nr. 14-P, SZRF 2000, Nr. 49, Pos. 4861. Vgl. auch U 20.12.2010, Nr. 22-P.

45 Die letzten beiden, übersetzungsmäßig eng an den Originaltext angelehnten Halbsätze sollen wohl heißen: Entweder sieht der Gesetzgeber ein Zustimmungsrecht des Eigentümers vor (dann kann eine Übertragung zur Wirtschaftsführung auch entschädigungslos erfolgen); ermöglicht er aber eine solche Übertragung ohne Zustimmung des Eigentümers, dann muss er eine angemessene Entschädigung einräumen.

gericht hat dies allerdings unterlassen,[46] sondern den – fast wäre man geneigt zu sagen: üblichen – Weg einer losen Aufzählung von Artikeln der Verfassung gewählt. In dem einen Teil der Argumentation besteht die Artikelkette aus den Art. 8, 34, 35, 130, 132 und 133 bzw 55 Abs. 3; an anderer Stelle werden die Art. 8, 35 Abs. 2 und 3, 55 Abs. 3, 130 Abs. 1, 132 Abs. 1 und 133 aneinandergereiht. Lässt man die auf die örtliche Selbstverwaltung bezüglichen Vorschriften beiseite, fällt auf, dass das Gericht insbesondere auch Art. 35 Abs. 2 und 3 Verf RF angezogen hat, also Bestimmungen, die im Verbund mit Abs. 1[47] einzig und allein auf den Schutz des Privateigentums abstellen.[48] Offensichtlich „pflanzt" das Verfassungsgericht – völlig unreflektiert – auch den Schutz des Eigentums der Subjekte der RF und des munizipalen Eigentums diesen Bestimmungen ein. Wenn also Art. 35 Abs. 2 Verf RF lautet. „Jeder ist berechtigt, Vermögen allein oder gemeinsam mit anderen zu Eigentum zu haben, zu besitzen, zu nutzen und darüber zu verfügen", so sollen also unter „jeder" (*každyj*) auch die Subjekte der RF und die „munizipalen Gebilde" fallen.[49] Damit werden aber in Wahrheit diesen Entitäten subjektive verfassungsmäßige Rechte, also mit andern Worten Grundrechtsträgerschaft verliehen – bestätigt auch dadurch, dass das Verfassungsgericht auch Art. 55 Abs. 3 Verf RF anwendet, eine Norm, die definitionsgemäß die Anwendbarkeit eines Grundrechts voraussetzt.[50] Dies alles scheint dem Verfassungsgericht aber gar nicht in den Sinn gekommen zu sein, genauso wenig wie die Frage, dass man damit auch die Grundrechtsträgerschaft von juristischen Personen des öffentlichen Rechts hätte diskutieren müssen.

---

46 Insofern verkürzt dargestellt bei *H.-J. Schramm*, Art. 8, in: B. Wieser (Hrsg), Handbuch, Rz. 15.

47 „Das Recht des Privateigentums wird durch Gesetz geschützt."

48 Vgl. nur *H.-J. Schramm*, Art. 35, in: B. Wieser (Hrsg), Handbuch der russischen Verfassung, Wien 2014, Rz. 2.

49 Ebenso unter „niemand" (*nikto*) in Art. 35 Abs. 3 Verf RF: „Niemandem darf sein Vermögen entzogen werden, es sei denn auf Entscheidung eines Gerichts. Zwangsenteignung für staatliche Bedürfnisse darf nur bei vorheriger und gleichwertiger Entschädigung durchgeführt werden."

50 Das Verfassungsgericht spricht im vorliegenden Zusammenhang – allerdings ohne Bezug auf eine konkrete Bestimmung der Verf RF – von „verfassungsmäßigen Rechten und gesetzlichen Interessen der Eigentumssubjekte – der Subjekte der Russländischen Föderation und der munizipalen Gebilde". In einer späteren Entscheidung – U 30.6.2006, Nr. 8-P, SZRF 2006, Nr. 28, Pos. 3117 – wird (in anderem Zusammenhang) allerdings tatsächlich festgehalten, dass sich die Rechte des Eigentümers (des Subjekts der RF) „unter dem Schutz von Art. 35 Abs. 2 und 3 Verf RF" befinden.

Bemerkenswert ist ferner der Umstand, dass nach ausdrücklicher weiterer Feststellung des Verfassungsgerichts eine vergleichbare Übergabe von Räumlichkeiten, die sich im Bundeseigentum (also Eigentum der RF) befinden, nicht als Begrenzung des Eigentumsrechts im Sinne des Art. 55 Abs. 3 Verf RF betrachtet werden könne; motiviert wird diese Ansicht mit der – aus Art. 71 lit e[51] und Art. 76 Abs. 1[52] Verf RF fließenden – Zuständigkeit des Bundesgesetzgebers zur Erlassung einer solchen Regelung. Das soll also wohl heißen: Wenn der Bund (die „Föderation“) in Gestalt des Bundesgesetzgebers sein eigenes Eigentum beschränkt, dann gelten die sonstigen Kautelen nicht und kann er das offensichtlich ohne irgendwelche Grenzen tun. Das ist schon etwas „schräg“; ungeklärt bleibt ferner die Frage einer möglichen Grundrechtsträgerschaft des Bundes (der „Föderation“) in Bezug auf das staatliche Eigentum.

V. Resümee

Versucht man nunmehr, eine abschließende Antwort auf die im Titel dieses Beitrags gestellte Frage zu geben, so kommt man zu einem differenzierten, im Kern allerdings nicht negativ gefärbten Urteil. Sicherlich ist, wie die Darstellung der Genese gezeigt hat,[53] die Aufspaltung der Eigentumsformen nach Subjekten in der russischen Verfassung eine Reminiszenz an das sowjetische Erbe. Wenn man, wie in dieser Abhandlung, nur die verfassungsrechtlichen Ausstrahlungswirkungen betrachtet,[54] so ist es zwar schwer, einen „Mehrwert“ des Konzepts nach Subjekten gegliederter Eigentumsformen auszumachen. In jener Judikaturlinie des russischen Verfassungsgerichts, wonach kommunales Eigentum bzw öffentliches Eigentum überhaupt kraft „seiner öffentlich-rechtlichen Natur“ gegenständlich begrenzt sei, könnte ein solcher allenfalls sogar gesehen werden.

Vor allem aber erweist sich die russische Eigentumsverfassung wohl nicht als altsowjetischer Bremsklotz für eine volle Entfaltung des Privateigentums. Von Verfassung wegen kann alles, also jedes Gut, jedes Objekt im Privateigentum stehen. Die Verfassung schließt nichts aus, und sie enthält auch keine Priorität zugunsten des staatlichen oder munizipalen Eigentums. Im Gegenteil, eine gesamthafte Be-

51 „Zur Zuständigkeit der Russländischen Föderation gehören: … e) das Bundeseigentum und dessen Verwaltung; …“

52 „Im Zuständigkeitsbereich der Russländischen Föderation werden Bundesverfassungsgesetze und Bundesgesetze verabschiedet, die auf dem gesamten Territorium der Russländischen Föderation unmittelbar gelten.“

53 Oben I.

54 Auch dazu oben I.

trachtung der russischen Eigentumsverfassung weist doch eine Präponderanz des Privateigentums aus. Zwar anerkennt das russische Verfassungsgericht kein subjektives verfassungsmäßiges Recht des Einzelnen auf Privatisierung. Aus der schon genannten öffentlich-rechtlichen Natur des öffentlichen Eigentums muss aber wohl zumindest eine objektiv-rechtliche Verpflichtung des Gesetzgebers abgeleitet werden, auch wenn das Verfassungsgericht sich hier noch um eine klare Aussage herumgedrückt hat.[55] Dass das Gericht bei der konkreten Nachprüfung von Privatisierungsverboten an den Maßstäben der Verfassung, insbesondere dem Verhältnismäßigkeitsprinzip, bislang zurückhaltend war, passt in das allgemeine Bild der russischen Verfassungsgerichtsbarkeit. Ganz zahnlos ist die Kontrolle aber nicht, wie eine Reihe von Gesetzesaufhebungen belegen.

Insgesamt also: Man hätte die russische Eigentumsverfassung schlanker, konziser und moderner fassen können; der (Zivilrechts-)Gesetzgeber muss also die Kategorien des staatlichen und des munizipalen Eigentums gleichsam „mitschleppen“. Dass die russische Verfassung aber vom Leitbild des Privateigentums ausgeht und hier nicht altsowjetischen Beschränkungen unterliegt, ist letztlich der entscheidende und ein positives Gesamtbild vermittelnde Faktor.

55 Mit anderen Worten: Man kann hier zwei Judikaturlinien identifizieren, die noch nicht aufeinander abgestimmt sind. Auf der einen Seite stellt es das Verfassungsgericht mehr oder weniger ins Belieben, ob der Gesetzgeber Privatisierungsregelungen erlässt oder nicht (wenn ja, muss er sich aber an die verfassungsmäßigen Kautelen halten). Auf der anderen Seite sei aber das öffentliche Eigentum aus seiner „öffentlich-rechtlichen Natur“ heraus gegenständlich begrenzt. Das bedeutet dann aber, dass der Staat all jenes Eigentum, dass er eigentlich nicht besitzen darf, abstoßen muss, was wiederum nichts Anderes als ein (verfassungsrechtliches) Privatisierungsgebot ist.

ZIVILRECHT

Prof. Dr. Dr. h.c. Fryderyk Zoll

Entsprechen die osteuropäischen Sachenrechte den Herausforderungen unserer Zeit?*

1. Zum Maßstab der Beurteilung
2. Ist das Sachenrecht überhaupt erforderlich?
3. Zurück zum ABGB?

1. Zum Maßstab der Beurteilung

Die Frage des Eigentums und der dinglichen Rechte gehörte zu den zentralen Problemen der sich aus dem Kommunismus befreienden Staaten. Es war eine Folge der ideologischen Fixierung der kommunistischen Macht auf das Eigentum.[1] Die Rückkehr zur freien Marktwirtschaft bedeutete zugleich die Wiederherstellung einer Wirtschaft, die das Privateigentum im Zentrum hatte. In manchen Fällen musste gar nicht sehr viel geändert werden, weil die Politik des Staates bezüglich des Privatrechts sehr häufig zu anderen Mitteln griff, die eher dem Verfassungsrecht oder dem öffentlichen Recht zugeordnet werden können.[2] Das Privatrecht regelt eher den Inhalt und Schutz des Eigentums gegenüber einem Dritten. Die Frage, ob eine private Person Eigentümer werden konnte bzw. ob dem Staat ein leichter Zugriff auf das private Eigentum zusteht, waren grundsätzlich keine privatrechtlichen Fragen. Das bedeutet aber nicht, dass die Eigentumsordnung eines kommunistischen Staates durch das Zivilrecht nicht reflektiert war.[3] Das

---

* Dieser Beitrag entstand im Rahmen eines Projekts des polnischen Nationalen Wissenschaftszentrums (Narodowe Centrum Nauki), Projekt Nr. UMO-2012/04/A/HS5/00709.

1 Siehe z. B. *S. Buczkowski, Z. K. Nowakowski*, Prawo obrotu uspołecznionego, 1971, S. 8–9; *T. Dybowski*, Les éléments romanistes et les nouveaux éléments propres au droit socialiste dans l'institution de propriété par rapport au droit polonais contemporain, in: *T. Dybowski*, Dzieła zebrane, 2013, S. 653, abgedruckt nach Studia Iuridica 12/1985, S. 143–155.

2 Dazu siehe *M. Liebscher/J. Pisuliński*, Sachenrecht, in: *M. Liebscher/F. Zoll*, Einführung in das polnische Recht, 2005, § 6 Rn., Rn. 27–28.

3 *M. Liebscher/J. Pisuliński*, Sachenrecht, Rn. 27–28. Die Stratifizierung der verschiedenen Eigentumsarten in der Volksrepublik Polen erklärt *T. Dybowski*, Les mutations des rapports de propriété en Pologne, in: *T. Dybowski*, Dzieła zebrane, S. 732–733, abgedruckt nach Droit Polonais Contemporain Nr. 1/1990, S. 35–50.

Staatseigentum genoss einen stärkeren Schutz.[4] An die Stelle des Eigentums traten bestimmte Eigentum-Minus-Rechte wie das polnische ewige Nießbrauchrecht, welches dem Berechtigten eine relativ umfangreiche rechtliche Stellung sichern sollte, aber ohne dem Staat die Kontrolle über das Grundstück völlig zu entziehen.[5] Der Grundsatz der Unteilbarkeit des staatlichen Eigentums führte auch zur Entstehung besonderer rechtlicher Konstruktionen, die das Recht eines Staatsunternehmens über das Grundstück beschrieben haben. Es gab sogar Theorien, welche diese Rechtslage als ein „geteiltes Eigentum" oder „abgeleitetes Eigentum" nach einem mittelalterlichen, feudalen Vorbild beschrieben haben.[6]

Die politische Wende, die noch eine gewisse Zeit vor der digitalen Revolution stattfand, bedeutete eine schlichte Rückkehr zu dem Status vor der kommunistischen Herrschaft, wobei aber verschiedene postkommunistische Hybridsysteme noch eine gewisse Zeitlang funktionierten. Die nach der Wende eingeleiteten Reformen bedeuteten eher eine konservative Herstellung der traditionellen Eigentumsordnung.[7] Es wurden Konzepte rezipiert, welche für die als Vorbild dienenden Rechtsordnungen charakteristisch waren.[8]

Die Frage, ob die Rechtsordnungen der „ostrechtlichen" Tradition den Bedürfnissen eines modernen Sachenrechts entsprechen, kann natürlich nicht pauschal beantwortet werden. Diese Rechtsordnungen sind verschieden und schöpfen aus unterschiedlichen rechtlichen Traditionen.[9] Auch deswegen sind sie unterschiedlich für die Erfordernisse der nahen Zukunft gewappnet. Das Problem ist aber nicht spezifisch „osteuropäisch". Es ist vielmehr ein Problem aller europäischer Rechtsordnungen, die mit ihren Sachenrechtssystemen, die alle relativ tief in der Vergangenheit verwurzelt sind, einer vielfältigen Re-

---

4 Dazu illustrativ *T. Dybowski*, W sprawie ogólnego obowiązku ochrony własności społecznej, in: *T. Dybowski*, Dzieła zebrane, S. 545–558, abgedruckt nach Nowe Prawo, 25.2. (1969), S. 227–241.

5 *Z. Radwański* (Hrsg.), Zielona Księga, optymalna wizja kodeksu cywilnego, 2006, S. 69.

6 *T. Dybowski* versuchte dieses Phänomen mit treuhänderischen Konstruktionen zu erklären: Zasada jedności własności państwowej a stosunek powiernictwa, in: *T. Dybowski*, Dzieła zebrane, S. 644–645, abgedruckt nach Państwo i Prawo 39.10 (1984), S. 17–33.

7 *L. Vékás*, Rekodifikation des Privatrechts in Zentral- und Osteuropa, in: *R. Welser*, Die Rekodifikation des Privatrechts in Zentral- und Osteuropa zwischen Reformbedarf und Tradition, 2013, S. 119.

8 *J. Pisuliński*, Arbeiten am neuen polnischen Zivilgesetzbuch, in: *R. Welser*, Die Rekodifikation des Privatrechts in Zentral- und Osteuropa zwischen Reformbedarf und Tradition, 2013, S. 103.

9 Auf die verschiedenen Quellen der Inspiration für die osteuropäischen Kodifikationen weist *L. Vékás* hin: Rekodifikation, S. 118.

volution gegenüberstehen. Es handelt sich um eine Zeit der Dekonstruktion des Privatrechts. Diese Dekonstruktion zeichnet sich durch einen Verlust der Bedeutung von klassischen privatrechtlichen Rechtsinstituten wie z. B. Vertrag, Vertragstypen, Eigentum und sonstigen Sachenrechten aus.[10] Auch Bereiche des Familien- und Erbrechts bleiben von diesem Prozess nicht verschont.[11] Es wäre eine unnötige Zuspitzung zu behaupten, dass alle diese Erscheinungen völlig neu sind. Diese Dekonstruktion betrifft das Privatrecht in seiner Gestaltungsform des neunzehnten Jahrhunderts. Unsere Gesellschaft des Massenkonsums und der Massenproduktion braucht immer weniger die auf dem Individualismus der Beteiligten basierenden Rechtinstitute. Es klingt aber beinahe erschreckend für die mittel- und osteuropäischen Staaten, dass eine Zeit des „kollektiven Vertragsrechts" anbricht. Es entwickelt sich das Recht der Online-Plattformen, welches weitgehend die Grundsätze des Vertragsrechts verändert.[12] In dem für das Sachenrecht relevanten Bereich erfolgen auch wichtige Veränderungen. Die digitale Revolution hat auch das Vermögensrecht vieler Rechtsordnungen wesentlich herausgefordert.[13] Die digitalen Inhalte fordern vor allem die Rechtsordnungen heraus, die einen engen Begriff der Sache verwenden. Das ist z. B. im deutschen und polnischen Recht der Fall.[14] Man muss aber betonen, dass der enge Begriff der Sache keine allgemein verbindende Eigenschaft der osteuropäischen Rechtsordnungen ist.[15] Das Konzept des deutschen Begriffs der Sache wurde in den Rechtsordnungen nicht übernommen, in denen die französische[16] bzw. die

---

10 *J. T. Fuller*, Eigenständiges Sachenrecht, 2006, S. 519.

11 Siehe z. B. *L. Dutta*, Warum Erbrecht?, 2014, S. 6–7.

12 *Ch. Busch/H. Schulte-Nölke/A. Wiewiórowska/F. Zoll*, The Rise of the Platform Economy: A New Challenge for the Consumer Contract Law, EuCML 1/2016, S. 3–10.

13 *A. De Francheschi*, European Contract Law and the Digital Single Market, in: *A. De Francheschi*, European Contract Law and the Digital Single Market, 2016, S. 4.

14 Art. 45 des polnischen Zivilgesetzbuches; § 90 BGB.

15 Dazu *C. v. Bar*, Gemeineuropäisches Sachenrecht, 2015, § 2, Rn. 141 und 143.

16 In Frankreich selbst ist allerdings das Problem des Gegenstandes vom Eigentum (*propriété*) viel komplexer. In der traditionellen Konzeption betrifft der Begriff des Eigentums nur die „körperlichen Sachen" – *chose corporelle*. In der heutigen Diskussion vertritt ein Teil der Lehre die Auffassung, dass auch die nichtkörperlichen Sachen zum Gegenstand des Eigentums werden können: *J. Rochfeldt*, Les grandes notions du droit privé, 2011, S. 289 und S. 310–316. Siehe auch *C. v. Bar*, Gemeinschaftliches Sachenrecht, § 2, Rn. 137. *W. Dajczak* betont den Unterschied des Code civil zwischen dem Begriff „*bien*" als Zuordnungsobjekt des Vermögensrechts und „*chose*" als Bezugspunkt des Eigentums, weist aber darauf hin, dass das Verhältnis beider Begriffe zueinander durch den Code selbst nicht abgestimmt ist: Der Begriff der Sache (res) in

österreichische Tradition[17] eine dominierende Rolle spielte.[18] Hier sieht man das Paradoxon der im Titel dieses Beitrags aufgeworfenen Frage – möglicherweise sind die Rechtsordnungen Osteuropas sogar besser für die Herausforderungen der neuen Zeit gewappnet. *Sjef van Erp*, ein führender niederländischer Sachenrechtler, hat sich kritisch über die Entscheidung des niederländischen Gesetzgebers geäußert, dass der aus dem BGB stammende Begriff der Sache in das (damals) neue niederländische Gesetzbuch eingeflossen ist und den flexibleren französischen Begriff von *bien* verdrängt hat. Um das Recht der digitalen Inhalte entsprechend in das neue niederländische Recht aufzunehmen, müsse man sich entsprechender Verweisen bedienen. *Sjef van Erp* schlägt vor, das Sachenrecht nicht von den steifen Kategorien des deutschen Rechts her, sondern eher aus der flexibleren französischen Perspektive wahrzunehmen.[19] Von diesem Gesichtspunkt sind also die Rechtsordnungen, die aus französischen Quellen geschöpft haben, wie z. B. das rumänische Recht, in einer besseren Ausgangslage als diejenigen, die die strenge deutsche Dogmatik übernommen haben. Hier kann man sogar verallgemeinernd sagen, dass angesichts der Veränderungen, die für die heutige Lebensweise bzw. wirtschaftlichen Umstände kennzeichnend sind, jene Rechtsordnungen als besser geeignet angesehen werden sollten, die weniger dogmatisch aufgebaut sind.

Die Expansion von „intelligenten" Gegenständen schafft auch neue Fragen, vor allem, wenn eine Rechtsordnung von einem engen „körperlichen" Begriff der Sache ausgeht.[20] Für die intelligenten Gegenstände ist es charakteristisch, dass für ihre Funktionstauglichkeit die integrierten digitalen Inhalte von entscheidender Bedeutung sind. Häufig sind diese digitalen Inhalte sogar für das Funktionieren der Sache unentbehrlich. Sie sind auch für die Wertbildung der Sache maßgeblich oder

---

der europäischen Rechtstradition und seine Auswirkung, in: *Ch. Baldus/W. Dajczak*, Der Allgemeine Teil des Privatrechts 2013, S. 406

17 *P. Bydlinski*, Grundzüge des Privatrechts, 2010, Rn. 292; der Verfasser betont jedoch, dass im Sinne der Regeln über die Eigentumsverschaffung der enge Begriff der Sache im körperlichen Sinne verstanden wird. *C. v. Bar*, Gemeineuropäisches Sachenrecht, § 2, Rn. 138: Der Verfasser betont, dass dieser Begriff eher eine programmatische Rolle spiele. *W. Dajczak* weist auf die gemeinrechtlichen Wurzeln dieses weiten Begriffs der Sache im ABGB hin: Der Begriff der Sache, S. 406.

18 Hier könnte z. B. das Bespiel des rumänischen Rechts (Art. 552 und 553) und des lettischen Rechts genannt werden: *C. v. Bar*, Gemeineuropäisches Sachenrecht, § 2, Rn 141.

19 *S. van Erp*, Fluidity of ownership and the tragedy of hierarchy. A sign of a revolutionary evolution, EPLJ, 4 (56), S. 60.

20 Dazu siehe *S. van Erp*, Ownership of digital assets, EuCML 2/2016, S. 73–74.

manchmal gar entscheidend.[21] Zugleich verkomplizieren sie die Struktur der Zuständigkeit über einen im Verkehr befindlichen Gegenstand. Sehr häufig werden digitale Inhalte zum Gegenstand der Berechtigung eines Dritten, der dem „Eigentümer" der Sache höchstens die erforderlichen Lizenzen verschafft. Der Eigentümer ist dann aber nicht im vollen Umfang der Herr über die eigene Sache – er ist sogar im entscheidenden Umfang von der Perspektive der Operabilität der Sache nur beschränkt, in einem durch die ihm erteilten Lizenzen befugten Rahmen ermächtigt, die Sache zu verwenden. In einigen Fällen könnten die Berechtigungen über die immateriellen Güterrechte die freie Verfügbarkeit mit der Sache wesentlich einschränken.

Nicht nur die digitalen Inhalte sind für die kommende Herausforderung des Sachenrechts verantwortlich. Es verändern sich auch unsere Gewohnheiten und dementsprechend auch die Rolle des Eigentums. Wir erleben eine Entwicklung in der sog. *sharing economy*.[22] Dieses kooperative Konzept erfährt heutzutage eine rasante Kommerzialisierung, und die erste, beinahe altruistische Phase der Entwicklung der kooperativen Wirtschaft wird allmählich durch neue, auf Erzielung von Gewinn orientierte Wirtschaftsmodelle ersetzt.[23] Diese Tatsache deutet aber auch darauf hin, dass diese Entwicklung zu einem stabilen und dauerhaften Wirtschaftsfaktor wird. Eine von den Eigenschaften der auf die Zusammenarbeit gerichteten Wirtschaft ist eine Veränderung der Bedeutung von Eigentum. Es wird immer wichtiger sein, einen Zugang zu Gütern zu gewährleisten.[24] Die Frage, welche rechtliche Position man erlangt, wird immer nebensächlicher.

Es ist auch zu sehen, dass die Rolle des Eigentums und des Eigentümers sich weitgehend verändert. Der Aufbau traditioneller kontinentaler Rechtsordnungen reflektiert eine hierarchisch dominierende Rolle des Eigentums als des am weitesten reichenden Sachenrechts.[25] Die Systeme werden von einer Annahme untermauert, welche die Position eines Eigentümers erstrebenswert erscheinen

---

21 *P. Bräutigam* und *T. Klindt*, Industrie 4.0, das Internet der Dinge und das Recht, NJW 16/2015, S. 1138.

22 *A. De Francheschi*, European Contract Law, S. 15–16; *Ch. Busch*, Crowdsourcing Consumer Confidence. How to Regulate Online Rating and Review Systems in the Collaborative Academy, in: *A. De Francheschi*, European Contract Law, 2016, S. 223–224

23 *Ch. Busch/H. Schulte-Nölke/A. Wiewiórowska/F. Zoll*, The Rise of the Platform Economy, S. 4; *E. Terryne*, The sharing economy in Belgium – a case for regulation, EuCML 1/2016, S. 48–51.

24 Dazu siehe *Z. Efroni*, Access-Right. The Future of Digital Copy Right Law, 2010, S. 491–494.

25 *Ch. Engel*, Die soziale Funktion des Eigentums, in: *Th. v. Danwitz/O. Depenheuer/Ch. Engel*, 2002, S. 18.

lässt und eine Haftungsmasse aus den leicht verwertbaren Eigentumsrechten zusammenstellt. Diese Annahmen werden immer weniger zutreffend sein. Man begnügt sich immer häufiger mit nur schuldrechtlichen Positionen. Für viele Unternehmer ist ein Autoleasing eine nicht nur wegen der Finanzierung bevorzugte Option, sondern auch wegen der vom Leasinggeber angebotenen zusätzlichen Dienstleistungen. Zahlreiche Vorschriften aus dem Bereich des Umweltrechts erzwingen eine Dauerbindung an den Anbieter einer Sache, weil die Sache nach der Gebrauchszeit umweltfreundlich entsorgt werden muss.[26] Es zeigt sich immer deutlicher, dass für den Nutzer das Erlangen des Eigentums keine Vorteile und nur Lasten mit sich zieht. Die Rechtsordnungen sind nicht völlig auf diese Veränderungen vorbereitet.

2. Ist das Sachenrecht überhaupt erforderlich?

Sollten die modernen Gesetzbücher überhaupt das Sachenrecht gesondert hervorheben? Diese Frage richtet sich danach, ob die pandektistischen Gesetzbücher überhaupt dazu geeignet sind, moderne Lebensbereiche zu erfassen. Das Sachenrecht war ein traditioneller Teil einer pandektistisch aufgebauten Struktur.[27] Diesem Modell folgten einige osteuropäische Länder,[28] darunter auch meine eigene Rechtsordnung – das polnische Recht. In der deutschen Literatur hat *Fuller* die Frage aufgeworfen, ob es heute noch ausreichende Gründe dafür gibt, das Sachenrecht als einen eigenständigen Teil (Buch) eines zeitgenössischen Zivilgesetzbuches zu erfassen.[29] Unabhängig von den erfrischenden Schlussfolgerungen über die Notwendigkeit, das Buch „Sachenrecht" durch das „Vermögensrecht" abzulösen,[30] erinnert *Fuller* an die Rechtfertigung von *Savigny*

---

26 Richtlinie 2008/98/EG des Europäischen Parlaments und des Rates vom 19. November 2008 über Abfälle.

27 *S. Hähnchen*, Das Konzept des Allgemeinen Teils in der Pandektistik und im deutschen BGB am Beispiel der Rechtsfähigkeit, in: *Ch. Baldus*/*W. Dajczak*, Der Allgemeine Teil des Privatrechts, 2013, S. 266.

28 *J. T. Fuller* erwähnt als Beispiel das estnische Sachenrecht: Eigenständiges Sachenrecht, 2006, S. 2.

29 *J. T. Fuller*, Eigenständiges Sachenrecht, S. 2–3.

30 *J. T. Fuller*, Eigenständiges Sachenrecht, S. 571. Es muss aber betont werden, dass die Idee des Vermögensrechts an Stelle des Sachenrechts auch in der deutschen Lehre nicht neu ist. *W. Dajczak* verweist auf die Meinung von *Wieacker* aus dem Jahre 1943. *Wieacker* kritisierte den engen Begriff der Sache, der die Herausbildung eines Vermögensrechts an Stelle des Sachenrechts verhinderte: *W. Dajczak*, Begriff der „Sache", S. 409. Für das Thema dieser Arbeit, welche sich mit den Rechtsordnungen beschäftigt,

für die Aussonderung des „eigenständigen Sachenrechts". Diese Rechtfertigung sollte vor allem in der Herausbildung des Abstraktions- und Trennungsprinzips liegen.[31] Diese Begründung muss auf einen polnischen Juristen etwas erschreckend wirken. Das polnische Recht folgt dem französischen Einheitsprinzip, zumindest wenn man es oberflächlich betrachtet.[32] Würde man der Annahme von *Savigny* über die Rechtfertigung des eigenständigen Sachenrechts folgen, so würde die Aussonderung des polnischen Sachenrechts überhaupt keine Rechtfertigung haben. Grund dafür ist nicht die rasante Veränderung der wirtschaftlichen Wirklichkeit, sondern ein originärer Fehler. Man könnte zwar argumentieren, dass sich das polnische Recht weit gehend vom französischen Recht unterscheide und die polnische Variante des Einheitsprinzips aufgrund der Unterscheidung zwischen Verpflichtung und Verfügung viel weniger radikal in der Verschmelzung der Verpflichtung und der Verfügung sei.[33] Übrigens hat die letzte Reform des franzö-

---

die sich von einem totalitären Regime zu verabschieden versuchten, muss natürlich eine Warnung vorangeschickt werden. Es lässt sich nicht leugnen, dass die totalitären Rechtsordnungen eine deutliche Neigung aufweisen, die klassischen Institute des Privatrechts aufzulösen bzw. zu verwässern. Bis vor kurzem war ich mir nicht sicher, ob diese Neigung der Zivilrechtssysteme der autoritären oder totalitären Staaten mit dem in diesem Text geschilderten Problem sehr viel zu tun hat. Man stellt sich hier vor eine fundamentale Frage über die Innovation. Im östlichen Teil Europas muss man sich bewusst sein, dass der Rechtsstaat sich ziemlich schwach gezeigt hat und neue politische Veränderungen wie z. B. in meinem heimatlichen Polen nicht nur die Rechtsschutzorgane (wie das Verfassungsgericht) praktisch lahmgelegt haben, sondern auch ins Eigentum eingreifen, etwa im Fall der Agrargrundstücke auf eine mit der Verfassung nicht zu vereinbarende Weise, was leider nicht verifiziert werden kann: das neue Jagdrecht mit massiven Einschränkungen des Eigentums. Man muss also sehr aufmerksam vorgehen, um der herrschenden Schicht nicht durch revolutionäre Vorschläge zusätzlich neue Instrumente der Macht und der Beraubung der individuellen Freiheit zur Verfügung zu stellen. Diese Umwelt der vorangehenden Rechtslosigkeit setzt beinahe jede Diskussion über erforderliche Veränderungen außer Kraft. Die Reformen verlangen ein Vertrauen in den Staatsapparat. In meinem Beitrag habe ich diesen Faktor außer Acht gelassen, obwohl er nicht außer Acht gelassen werden darf.

31 *J. T. Fuller*, Eigenständiges Sachenrecht, S. 11, insbesondere Fn. 37.

32 *J. Pisuliński/K. Zaradkiewicz*, National Report on the Transfer of Movables in Poland, in: *W. Faber/B. Luger*, National Reports on Transfer of Movables in Europe, 2011, S. 535; *M. Liebscher/J. Pisuliński*, Sachenrecht, in: *M. Liebscher/F. Zoll*, Einführung in das polnische Recht, 2005, § 6 Rn. 35.

33 *S. Grzybowski*, O pochopnym utrzymaniu w kodeksie cywilnym konstrukcji umowy o przeniesienie własności, in: *A. Mączyński/M. Pazdan/A. Szpunar*, Rozprawy z polskiego i europejskiego prawa prywatnego, FS J. Skąpski, 1994, S. 87; *M. Liebscher/J. Pisuliński*,

sischen Schuldrechts auch in Frankreich den Radikalismus des Einheitsprinzips abgeschwächt.[34] Gleichwohl kann im polnischen Sachenrecht bei der Bestellung beschränkter dinglicher Rechte eine Autonomie oder sogar die Abstraktheit von den Verfügungsgeschäften beobachtet werden.[35]

Die grundsätzlichen Beobachtungen von *Fuller* über das Fehlen einer ausreichenden Rechtfertigung für die Aussonderung eines autonomen Sachenrechts haben trotzdem noch stärkere Geltung für das polnische als für das deutsche Recht. Angesichts der Tatsache, dass man auf eine starke Trennung zwischen dem Schuldrecht und dem Sachenrecht durch die Aufnahme des Einheitsprinzips verzichtet hat, wurde deutlich zum Ausdruck gebracht, dass die Publizitätswirkung des Sachenrechts, die auch eine Herausbildung des autonomen Sachenrechts rechtfertigen kann, für den polnischen Gesetzgeber keine zentrale Rolle bei den Gesetzgebungsarbeiten spielte.[36] Zugleich zeigte das polnische Recht an vielen Stellen eine Tendenz zur Verdinglichung der schuldrechtlichen Positionen wie etwa im Fall des sog. ius ad rem im Art. 59 des polnischen ZGB,[37] im Fall der Miete insbesondere bei Wohnräumen, oder bei der Leibrente, die sich aus den dinglichen Reallasten herausgebildet hat.[38] Zu einer praktischen Erweiterung der Wirkung von schuldrechtlichen Positionen führt auch der viel weiter reichende Schutz, weil Schaden auch in nur schuldrechtlichen (relativ

---

Sachenrecht, § 6 Rn. 35; *F. Zoll*, Abstrakte Verfügungsgeschäfte im polnischen Recht, in: *M. Habdas/A. Wudarski*, Ius est ars boni et aequi, FS S. Kalus, 2010, S. 700.

34 *Ph. Chauviré*, Le dispositions relatives aux effets du contrat, in: *Ph. Chauviré*, La réforme du droit des contrats : du projet à l'ordonnance, 2016, S. 49.

35 *F. Zoll*, Abstrakte Verfügungsgeschäfte, S. 706.

36 *J. Pisuliński/K. Zaradkiewicz*, National Report, S. 492–493.

37 Art. 59 des polnischen ZGB hat *C. v. Bar* analysiert. Nach *v. Bar* muss man der durch diese Vorschrift geschützten Forderung die Eigenschaft eines „Sachenrechts" deswegen absprechen, weil es sich eben um eine Forderung handelt und nicht um eine Sache: *C. v. Bar*, Gemeineuropäisches Sachenrecht, § 1, Rn. 13. Alles hängt von der grundsätzlichen Annahme ab, wie das Sachenrecht zu verstehen ist. Wenn man von dem engen Begriff der Sache ausgeht, dass diese Feststellung stimmt, könnte man als Sachenrechte auch nur diese Rechte bezeichnen, die der Gesetzgeber selbst so bezeichnet: so *E. Drozd*, Prawo rzeczowe czasu przemian, in: *M. Kępiński/A. Nowicka*, Prawo prywatne czasu przemian, FS Stanisław Sołtysiński, 2005, S. 267. Siehe auch *P. Machnikowski*, in: *E. Gniewek*, System Prywatnego, Bd. 3, 2003, Kapitel I, Rn. 87.

38 *Ch. v. Bar* betont aber, dass diese „dingliche" Wirkung nur eingeschränkt sei: Gemeineuropäisches Sachenrecht, § 3, Rn. 376. Im polnischen Recht sehe ich kaum Unterschiede, wenn ich die Wirkung des „verdinglichten Mietrechts" und eines Nießbrauchs gegenüber einem Dritten vergleiche. So auch *J. T. Fuller*, Eigenständiges Sachenrecht, S. 87–90.

wirkenden) Vermögenspositionen verursacht und ersetzt werden kann.[39] Diese Beispiele untermauern deutlich die These von *Fuller*, dass auch der Grundsatz vom *numerus clausus* der absolut wirkenden Rechte nicht ausreichend gerechtfertigt wird.[40] Für diese mangelnde Rechtfertigung spricht nicht nur, dass auch die schuldrechtlichen Positionen häufig eine Drittwirkung aufweisen, sondern auch, dass einige dingliche Rechte als inhaltslose Hülsen konzipiert werden. Diese sich auf das deutsche Recht beziehende Aussage von *Fuller* ist auch für das polnische Recht gehaltvoll. *Fuller* nennt das Beispiel der Dienstbarkeiten, die im konkreten Fall ganz verschiedene Inhalte haben können.[41] Die Behauptung, dass der Grundsatz des *numerus clausus* der Sachenrechte der Beschränkung der drittwirkenden Rechte diene, ist am Beispiel der Dienstbarkeiten zu wiederlegen. Da die Dienstbarkeiten sehr elastisch gestaltet werden können, kann ein Dritter keine spezifischen Erwartungen bezüglich der Gestaltung des Rechts haben. Eine inhaltslose Warnung über den Inhalt des Rechts kann daher das Verhalten eines Dritten kaum beeinflussen.[42]

Es stellt sich die Frage, ob Sachenrechte überhaupt definierbar sind. Man könnte sie als drittwirkende Rechte über die Sache bestimmen. Schon aber bei dieser Definition fällt ihre Unvollständigkeit auf: Auch relative Rechte können durch „Sachenrechte“ belastet werden. Dieses Phänomen zeigt zwei Aspekte: Erstens gibt es zwischen den „absoluten“ und „relativen“ Rechten keinen qualitativen Unterschied, wenn „relative“ Rechte zum Gegenstand „absoluter“ Rechte werden können; zweitens, wie es oben bereits ausgeführt wurde, haben auch die „relativen“ Rechte eine Drittwirkung. Es handelt sich aber nicht nur um die oben erwähnten

---

39 Im polnischen Recht kann auch ein in den „relativen” Rechten zugefügter Schaden im Rahmen der allgemeinen deliktischen Haftung ersetzt werden.

40 Für *S. v. Erp*, S. 59, spielt aber der Grundsatz des *numerus clausus* eine zentrale Rolle als ein konstitutives Element des heutigen des Sachenrechts. *C. v. Bar* schreibt: „Für die überwiegende Zahl der europäischen Rechtsordnungen ist das Prinzip des *numerus clausus* eine schiere Selbstverständlichkeit“: Gemeineuropäisches Sachenrecht, § 1, Rn. 59. *Von Bar* zeigt auch, dass in den osteuropäischen Rechtsordnungen der Grundsatz des *numerus clausus* noch stärker fixiert ist als im Westen: § 1, Rn. 62. *J. T. Fuller* reduziert den Gehalt dieses Grundsatzes auf das Prinzip einer formalisierten Inhaltskontrolle: *J. T. Fuller*, Eigenständiges Sachenrecht, S. 371.

41 *J. T. Fuller*, Eigenständiges Sachenrecht, S. 406–407.

42 *Ch. v. Bar* berichtet von Rechtsordnungen (Italien, Spanien), welche diese Spannung dadurch entkräften, dass sie eine strikte Trennung zwischen dem Eigentum und den beschränkten dinglichen Rechten auf einer qualitativen Ebene durchführt und den Begriff „absolutes Recht“ vor allem für das Eigentum vorbehalten: *Ch. v. Bar*, Gemeineuropäisches Sachenrecht, § 1, Rn. 22.

„erweiterten Wirkungen der relativen Rechte", sondern auch um eine Eigenschaft, die bei jeder Forderung zu sehen ist. Jede Inhaberschaft einer Forderung hat eine dingliche Wirkung, weil wenn eine Forderung einer bestimmten Person zusteht, steht sie nur dieser Person und keiner anderen zu.[43] In diesem Sinne wirkt die Position des Gläubigers absolut. Er kann sich in seiner Position z. B. mittels einer Feststellungsklage behaupten. Bei der Frage der Drittwirkung geht es eigentlich nicht um den Inhalt des Rechts, sondern um seine Inhaberschaft.[44]

Bei einigen als „Sachenrecht" bezeichneten Rechtsinstituten wie Hypothek oder Pfand ist ihre „drittwirkende" Natur sehr fraglich. Sie zeigt sich nur bei der Übertragung dieser Rechte, sonst handelt es sich um Vollstreckungsprivilegien. *Von Bar* stellt fest, dass nicht von der Verdinglichung der Pflichten die Rede sein könne, sondern nur von Rechten.[45] Die Tatsache allein, dass ein Dritter haftet, gehört nach dieser Auffassung nicht zu den konstitutiven Merkmalen eines dinglichen Rechts. Man könnte aber eine andere Perspektive einnehmen: die der besicherten Forderung, die dadurch eine „Verdinglichung" im Sinne der Wirkung gegenüber dem Berechtigten aus dem belasteten Gegenstand erfährt, die über die relative Wirkung zwischen Parteien hinausgeht.

Bei besitzlosen Pfandrechten wie etwa dem polnischen Registerpfandrecht kann noch nicht einmal von der Herrschaft über die Sache die Rede sein, d.h. bei dieser Kreditsicherheit wird auch der Spezialitätsgrundsatz durchbrochen. Im Vergleich haben ein verdinglichtes Mietrecht oder eine drittwirkende Leibrente dieser Kreditsicherheiten deutlich weniger Eigenschaften, die traditionell einem „Sachenrecht" als distinktiv zugerechnet werden. Aus diesem Grund wird auch in der polnischen Literatur eine Definition dahingehend vertreten, dass unter das „Sachenrecht" solche Rechte fallen, welche der Gesetzgeber ausdrücklich als „Sachenrechte" bezeichnet. Dies stellt einen klaren Beweis für die Bedeutungslosigkeit der Konzeption des Sachenrechts dar, wenn man keine eigentümlichen, dieser Kategorie gemeinsam definierbaren und von anderen Rechten abgrenzbaren Merkmale nennen kann. Dies zeigt, dass dann die Struktur des Buches „Sachenrecht" und die Qualifikation bestimmter Rechte als „Sachenrechte" häufig von einer zufälligen und ziemlich willkürlichen Entscheidung des Gesetzgebers abhängt.

---

43 Dazu siehe *S. van Erp*, Fluidity of ownership, S. 63.

44 *Ch. v. Bar* betont, dass eine Forderung nur seitens des Schuldners verletzt werden könne: Gemeineuropäisches Sachenrecht, § 1, Rn. 26. Es ist aber möglicherweise ein zu eng verstandener Begriff der Verletzung eines Rechts. Eine Forderung kann von einem Dritten auch durch die Infragestellung der Gläubigerberechtigung verletzt werden.

45 *Ch. v. Bar*, Gemeineuropäisches Sachenrecht, § 1, Rn. 11.

In den polnischen Kodifikationsarbeiten (die aber durch die neue Regierung momentan nicht fortgesetzt werden)[46] hat man sich beim Entwerfen des Sachenrechts nicht dafür entschieden, das System zu revolutionieren.[47] Bei der Wiederaufnahme dieser Arbeiten muss man zur Diskussion über die Struktur zurückkehren und den Vorschlag von *Fuller* zur Erarbeitung eines Vermögensrechts an Stelle des Sachenrechts ernsthaft erwägen.

3. Zurück zum ABGB?

Vor kurzem wurde in der Tschechischen Republik ein neues Zivilgesetzbuch verabschiedet.[48] Auf den ersten Blick staunte man etwas, da der tschechische Gesetzgeber die alte Struktur des ABGB wiederbelebte. Der tschechische Gesetzgeber regelt in verschiedenen Büchern die absoluten und relativen Rechte.[49] Das folgt der längst vergessenen Aufteilung des ABGB in Sachenrechte und persönliche Sachenrechte.[50] Wie im Falle des ABGB geht der tschechische Gesetzgeber von einem weiten Begriff der Sache aus, der nicht nur körperliche, sondern auch unkörperliche Gegenstände erfasst.[51] Es handelt sich in diesem Fall um das Auferstehen einer Struktur des Gesetzes, die im heutigen Österreich nicht ernst genommen wird. In der Lehre wird das Privatrecht nach dem aus Deutschland übernommenen pandektistischen Aufbau gegliedert.[52] Man

---

46 Die heutige Regierung hat die Kodifikationskommission aufgelöst. Die Arbeiten werden aber durch eine Kooperation der zivilrechtlichen Lehrstühle außerhalb und unabhängig von der heutigen polnischen Regierung fortgeführt: http://www.projektkc.uj.edu.pl.

47 Dazu siehe *F. Zoll*, Die Arbeiten am neuen polnischen Zivilgesetzbuch – Kodifikation in einer schwierigen Zeit, Osteuropa-Recht 2/2012, S. 29–39.

48 Zákon č. 89/2012 Sb. *Občanský zákoník*.

49 Im dritten Teil werden die absoluten und im vierten die relativen Rechten geregelt.

50 Der zweite Teil des ABGB lautet: „Von dem Sachenrechte". Den verschiedenen Aufteilungen der Sachen folgen dann zwei Abteilungen: „Von den dinglichen Rechten" und „Von den persönlichen Sachenrechten".

51 § 489 des neuen tschechischen Gesetzbuches lautet: Věc v právním smyslu (dále jen „věc") je vše, co je rozdílné od osoby a slouží potřebě lidí – das bedeutet, dass „die Sachen im rechtlichen Sinne (weiter „Sachen") alles sind, was von der Person getrennt ist und den Bedürfnissen der Personen dient". In § 496 wird dann zwischen körperlichen und nicht körperlichen Sachen unterschieden. *S. Grundmann* nennt diesen Teil des ABGB eben modern: Die Aufgabe einer nationalen Kodifikation von dem Hintergrund der Europäisierung des Privatrechts, in: *K. Fischer-Czermak/G. Hopf/M. Schauer*, Das ABGB auf dem Weg in das dritte Jahrtausend, 2003, S. 22.

52 Die Entwicklung des pandektistischen Gedankenguts in Österreich und sein Einfluss auf die Wahrnehmung in Österreich wurde von *Ch. Wendehorst* dargestellt: Zum Ein-

könnte also den tschechischen Verfassern des Gesetzbuches vorwerfen, dass sie unreflektiert auf die alte Struktur zurückgegriffen haben, ohne die moderne dogmatische Entwicklung in Österreich wahrzunehmen und zu reflektieren. Möglicherweise ist aber die Entscheidung des tschechischen Gesetzgebers, die alte Struktur des ABGB zu übernehmen, eine durchaus den Bedürfnissen der modernen Zeit entsprechende Entscheidung. Der gesetzgeberische Rahmen scheint flexibler zu sein als die dogmatisch geprägten Gesetzbücher nach deutschem Vorbild.

Die Rechtsordnungen, die zu scharfe Grenzen für die Rechtsinstitute bestimmen, wie z. B. bei dem Begriff der Sache, sind auf die Erfordernisse der modernen Zeit weniger vorbereitet. In den Zeiten der immer heterogeneren Gestaltung der Rechtsverhältnisse müssen die Gesetzbücher die Rechtsinstitute offener gestalten.

Die im Titel dieser Bearbeitung gestellte Frage, ob die osteuropäischen Rechtsordnungen den Bedürfnissen des modernen Sachenrechts entsprechen, kann so pauschal nicht beantwortet werden. Die Antwort würde auch eine breit zugeschnittene rechtsvergleichende Untersuchung voraussetzen, was in diesem Rahmen nicht möglich war. Man könnte aber vermuten, dass es hier vielleicht keine besondere Eigenschaft gibt, die alle diese Rechtsordnungen teilen, welche charakteristisch für die analysierte Region sein könnte. Man müsste eher annehmen, dass die Privatrechte aus dieser Region in ähnlicher Weise auf die wirtschaftlichen Veränderungen unvorbereitet sind, wie auch viele andere Rechtsordnungen der kontinentalen westeuropäischen Tradition. Wie ich versucht habe in diesem Beitrag anzudeuten, könnte es sein, dass diese Rechtsordnungen besser auf die Herausforderungen unserer Zeit vorbereitet sind, weil die Grenzen zwischen einzelnen Rechtsbereichen offener und weniger scharf sind.

Man kann nur bedauern, dass im Rahmen der neuen Welle der Kodifikationen in Mittel- und Osteuropa die Chance zu wenig genutzt wurde, tatsächlich moderne Gesetzbücher zu erlassen, die auch in der digitalen Ära ihre Reife zeigen könnten. Es könnte sich aber herausstellen, dass diese Rechtsordnungen besser fahren, wenn sie eine vor-pandektistische Struktur einführen oder einfach in eine andere Richtung gehen.

---

fluss pandektistischer Dogmatik auf das ABGB, in: Festschrift 200 Jahre ABGB, 2011, S. 82–83.

Dr. Maria Zaykova

Eigentumsrechtliche Zuordnung von Bodenschätzen als eine der Naturressourcen in Russland

I. Einführung

Einer der grundlegenden Aspekte in allen Rechtsordnungen ist die gesetzliche Ausgestaltung des Eigentumsrechts an Naturressourcen, darunter am Untergrund und an den darin enthaltenen Bodenschätzen. Die eigentumsrechtliche Zuordnung der Bodenschätze hängt mit den Auffassungen über das Wirtschaftssystem eines Staates eng zusammen und spielt bei der Debatte über die Auswahl der wirtschaftlichen Ordnung eine bedeutende Rolle. So auch in Russland, wo die Ausgestaltung des Eigentumsrechts an Bodenschätzen schon immer die Ausrichtung der Staatspolitik widerspiegelte.

Das vorrevolutionäre Bergrecht basierte seit der Herrschaft Peters des Großen vor allem auf der „Bergbaufreiheit“, die durch das „Dekret Über das

Berg-Kollegium“[1] im Jahr 1719 eingeführt wurde. Die Bodenschätze wurden aus den Eigentumsrechten des Grundherrn herausgelöst und in das Eigentum des Staates übergeben. Jedermann bekam das Recht, Bodenschätze aufzusuchen und zu gewinnen. Den Oberflächeneigentümern wurde zwar ein Vorrangrecht gewährt, sie mussten jedoch die Absicht zur bergbaulichen Tätigkeit auf ihrem Grundbesitz im Voraus anmelden. Hatten sie diese Absicht nicht, waren sie verpflichtet, jedem Interessenten den bergbaulichen Zugang zu den Lagerstätten gegen Zahlung von 2–3 % des Gewinns zu gewähren. Der Staat als Eigentümer verlangte für die Erteilung von Bergbauberechtigungen eine Abgabe in Höhe von 10 % des Gewinns. Nur unter Katharina der Großen galt eine zehnjährige Unterbrechung dieser Regelung. Für diesen Zeitraum führte sie ein Bergregal ein, wonach das Eigentum an Bodenschätzen und die Zugriffsrechte allein den jeweiligen Grundherren überlassen wurden.[2] Schnell erwies sich diese Form auf Grund der mangelnden Bergbaukompetenz der Grundbesitzer als unwirtschaftlich, weshalb die Zarin die alte Regelung wieder einführte.[3]

Mit Beginn der sowjetischen Ära erfolgte im Jahr 1918 mit dem Inkrafttreten des „Dekrets über den Grund und Boden“[4] die Überführung des Eigentums an Grund und Boden sowie an allen Naturressourcen einschließlich der Bodenschätze in das Volkseigentum.

Das ausschließliche Eigentumsrecht des Staates an dem Erdkörper mit den darin enthaltenen Naturressourcen und den Bodenschätzen wurde ebenfalls in den Bergbaugesetzen von 1928[5] und von 1975[6] klar proklamiert.

---

1 Именной Указ Петра I. „Об учреждении Берг-Коллегиума для ведения в оном дел о рудах и минералах“, 1719//ПСЗ. T.V. 1713—1719, № 3464, С.-Пб., 1830 [Dekret Peter I. „Über die Gründung des Berg-Kollegiums für die Ausführung der Angelegenheiten über die Erze und Mineralien“, 1719//PSZ. T.V. 1713—1719, Nr. 3464, St.-Petersburg, 1830].

2 Манифест Екатерины II, 1782//ПСЗ. T. VIII № 15447, С.-Пб., 1830 [Manifest Katerina II., 1782// PSZ. T. VIII Nr. 15447, St.-Petersburg, 1830].

3 *Перчик, А.*, Горное право: Учебник, Москва, 2002, с. 67 [*Perčik, A.*, Bergrecht, Lehrbuch, Moskau, 2002, S. 67].

4 Декрет II Съезда Советов О земле от 26.10 (08.11) 1917 // СУ РСФСР 1917, № 1, ст. 3 [Dekret des II. Rätekongress Über den Grund und Boden vom 26.10 (08.11) 1917//SU RSFSR 1917, Nr. 1, Pos. 3].

5 Горный Закон РСФСР от 15 октября 1928 г., СУ РСФСР 1928 г. № 133, ст. 871 [Berggesetz der RSFSR vom 15. Oktober 1928, SU RSFSR, 1928, Nr. 133, Pos. 871].

6 Основы законодательства Союза ССР и Союзных республик о недрах от 9 октября 1975 г., Ведомости Верховного Совета СССР, 1975, № 29, ст. 435 [Grund-

In der heutigen Rechtsordnung Russlands bilden Art. 9 der russischen Verfassung[7] (im Folgenden: Verf RF) sowie Art. 1.2 des Gesetzes über den Erdkörper[8] (im Folgenden: ErdkörperG) die gesetzlichen Grundlagen für die Eigentumsverhältnisse am Erduntergrund und den darin enthaltenen Ressourcen.

II. Der Grundsatz der nationalen Bedeutung der Naturressourcen in der Verfassung der RF

Grund und Boden werden in der russischen Verfassung in einer Reihe mit anderen Naturressourcen behandelt. Laut Art. 9 Abs. 1 Verf RF werden „Grund und Boden und die anderen Naturressourcen in der Russischen Föderation als Grundlage des Lebens und Wirkens der Völker, die auf dem entsprechenden Territorium leben, genutzt und geschützt". Darin kommt der Grundsatz der hohen nationalen Bedeutung der Naturressourcen zum Ausdruck. Dieses Prinzip liegt dem Hauptziel des Gesetzgebers zugrunde, die Einnahmen, die der Staat für die Bewilligung der Nutzungsrechte an Naturressourcen erhält, zu maximieren und wirtschaftlich effektiv aufzuteilen.[9] Darüber hinaus soll dieser Leitsatz dem Zweck dienen, die Ausführung der bergbaulichen Tätigkeit nachhaltig und ohne übermäßigen Schaden für die Umwelt zu gewährleisten, damit eine Knappheit der Naturressourcen für zukünftige Generationen vermieden werden kann.

III. Abgrenzung der Begriffe „Naturressourcen" und „Bodenschätze"

Eine Legaldefinition für den Begriff Bodenschätze existiert im russischen Recht nicht.[10] In den einschlägigen Rechtsvorschriften sowie in der Fachliteratur wer-

---

lagen der Gesetzgebung über den Erdkörper der UdSSR und der Unionsrepubliken vom 9. Juli 1975, Amtsblatt des Obersten Sowjet der UdSSR, 1975, Nr. 29, Pos. 435].

7 Конституция Российской Федерации от 12 декабря 1993 г., Российская газета, № 237, 25.12.1993 [Verfassung der Russischen Föderation vom 12. Dezember 1993, Rossijskaja Gazeta, Nr. 237, 25.12.1993].

8 Федеральный Закон „О недрах" от 21 февраля 1992 г., СЗ РФ 1995, № 10, ст. 823 [Föderalgesetz „Über den Erdkörper" vom 21. Februar 1992, SZ RF 1995, Nr. 10, Pos. 823].

9 *Gudkov/Larochkina/Lakhno/Salieva* in: *Säcker* (Hrsg.), Handbuch zum dt.-russ. Energierecht, S. 305.

10 Im russischen Steuergesetzbuch in Art. 337 Abs. 1 gibt es zwar eine Definition für den Begriff „Bodenschätze". Darin wird jedoch ausdrücklich darauf hingewiesen, dass diese nur für steuerrechtliche Zwecke bestimmt ist.

den die Bodenschätze neben den Energie- und anderen Ressourcen als Bestandteile des Erdkörpers – die so genannten „Erdkörperressourcen" – bezeichnet. Oftmals trifft man die Bezeichnung „Naturressourcen" und „Mineralressourcen". Offensichtlich befinden sich alle diese Ressourcenarten im Erdkörper. Die rechtlichen Abgrenzungskriterien dieser Ressourcenarten bleiben jedoch undeutlich.

Das Verhältnis, in welchem diese Kategorien in der praktischen Anwendung anhand ihres geologischen und wirtschaftlichen Kontextes zueinander stehen, kann in einem Euler-Diagramm veranschaulicht werden.[11] Jeder Kreis des Diagramms entspricht dabei dem Inhaltsvolumen des jeweiligen Begriffes:

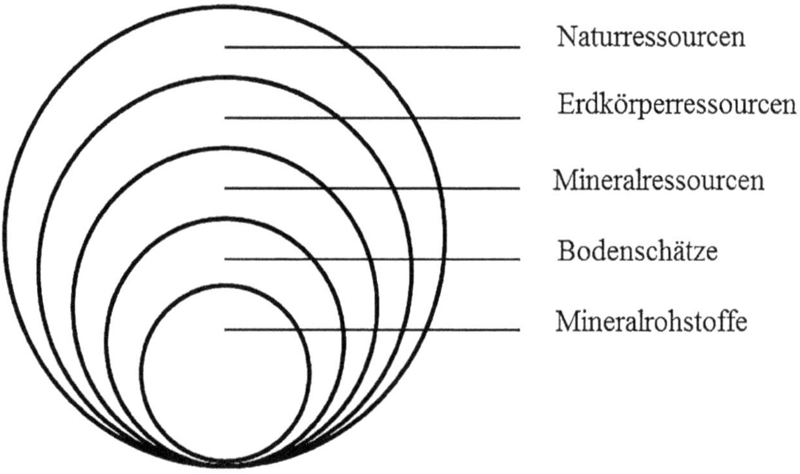

Danach werden vom Begriff „Naturressourcen" alle Erdkörperressourcen umfasst. Dazu zählen neben den Bodenschätzen auch solche Erdkörperressourcen wie z. B. Erdwärme, Grundwasser und Hohlräume (Gasspeicher, Endlagerung).

In der Literatur wird der Begriff „Bodenschätze" von verschiedenen Autoren unterschiedlich definiert. Betrachtet man diese verschiedenen Definitionen, lässt sich im Ergebnis feststellen, dass sie alle nach der gleichen Systematik aufgebaut sind und zwei Hauptsegmente enthalten. Das erste spiegelt die Entstehungsart wider und bezeichnet die Bodenschätze als „natürliche Mineralrohstoffabla-

11 *Ибрагимов, В.*, Ресурсы недр в законодательстве о недропользовании: основные понятия и их толкование, в: Нефть, Газ и Право, № 1/2011, с. 23 [*Ibragimov, V.*, Erdkörperressourcen in der Gesetzgebung über die Erdkörpernutzung: grundlegende Begriffe und ihre Definitionen, in: Neft', Gaz i Pravo, Nr. 1/2011, S. 23].

gerungen im Erdkörper", deren physikalische Beschaffenheit in einigen Fällen konkretisiert wird (anorganisch oder organisch; fest, flüssig, gasförmig). Das zweite Segment weist auf die Möglichkeit einer effektiven industriellen (gewerblichen) Nutzung hin, entweder unmittelbar oder nach der Verarbeitung.[12] Somit kann der Begriff „Bodenschätze" wie folgt definiert werden: feste, flüssige und gasförmige mineralische Rohstoffe, die im Erdinneren vorkommen oder an der Oberfläche austreten und mittels Extraktion oder Abtrennung zu industriellen Zwecken gefördert werden können.

Bei den rechtlichen Wechselwirkungen der Begriffe Bodenschätze und Naturressourcen gilt es zu beachten, dass diese sich abhängig von den zwei Etappen des bergbaulichen Prozesses ändern. Zunächst stellen die Naturressourcen eine Naturressource *in situ* dar, deren Rechtsstatus durch die Rechtsvorschriften des Bergrechts geregelt wird. Mit ihrer Exploration werden sie zur Ware, und die bergrechtlichen Bestimmungen finden auf sie keine Anwendung mehr. Ab diesem Zeitpunkt unterliegen Erdöl, Erdgas, Kohle usw. den Vorschriften des Zivil-, Unternehmens-, Zoll- und Energierechts.[13]

IV. Eigentumsrechtliche Zuordnung der Bodenschätze

Das Hauptobjekt der bergrechtlichen Regulierung in Russland stellen nicht die Bodenschätze, sondern die Bewilligungsfelder dar – Erdkörperfelder, die in einem Verwaltungsakt dem Bergbauunternehmen für eine bestimmte Nutzungsart zur Verfügung gestellt werden. Deshalb sind bei der eigentumsrechtlichen Zuordnung der Bodenschätze drei Rechtsobjekte relevant: der Erdkörper mit den darin enthaltenen Bodenschätzen, die bewilligten Erdkörperfelder und die geförderten Bodenschätze.

1. Eigentum an im Erdkörper enthaltenen Bodenschätzen

a) Ausschließlich staatliches Eigentum gemäß Art. 1.2 Abs. 1 ErdkörperG

Im Hinblick auf die eigentumsrechtliche Zuordnung der Bodenschatzlagerstätte sieht Art. 9 Abs. 2 Verf RF eine Vielfalt von Eigentumsformen an Naturressourcen vor. Danach können sich „Grund und Boden und die anderen Naturressourcen in privater, staatlicher, kommunaler oder anderer Form des Eigentums befinden". Dieser verfassungsrechtliche Grundsatz wurde im ErdkörperG dahingehend weiterentwickelt, dass nach Art. 1.2 Abs. 1 ErdkörperG

12 Vgl. Tabelle 3 bei *Ибрагимов* (Fn. 11), S. 19.
13 *Gudkov/Larochkina/Lakhno/Salieva* (Fn. 9), S. 312.

sich „der Erdkörper sowie der unterirdische Raum und die im Erdkörper enthaltenen Bodenschätze, Energie- und anderen Ressourcen" ausschließlich im staatlichen Eigentum befinden.

Nach Auffassung des VerfG RF ist eine solche Ausgestaltung des Eigentumsrechts nicht verfassungswidrig. Es leitet zwar aus dem Wortlaut des Art. 9 Abs. 2 Verf RF die Zulässigkeit unterschiedlicher Eigentumsformen an Naturressourcen und darunter an im Erdkörper befindlichen Bodenschätzen ab. Zur gleichen Zeit aber verpflichtet die Verfassung der RF jedoch nicht dazu, dass die Naturressourcen in diesen getrennten Eigentumsformen vorliegen müssen.[14]

In der Literatur ist das ausschließliche Eigentum des Staates am Erdkörper mit den darin enthaltenen Ressourcen sehr umstritten. Einige Rechtswissenschaftler sehen in dem absoluten Staatseigentum am Erdkörper eine Verletzung des Grundsatzes der Gleichberechtigung aller in Art. 9 Abs. 1 Verf RF dafür vorgesehenen Eigentumsformen.[15] Die herrschende Meinung widerspricht dieser Auffassung mit der Begründung, „der Erdkörper mit den darin enthaltenen Ressourcen ist von enormer volkswirtschaftlicher Bedeutung und spielt für die Sicherheit und Souveränität des Landes eine wichtige Rolle". Deshalb sei, um eine effiziente Nutzung dieser Ressourcen im öffentlichen Interesse zu gewährleisten, ein ausschließliches Staatseigentum daran berechtigt.[16]

---

14 Pkt. 4 Entscheidung VerfG RF vom 09.01.1998 N1-P.

15 Vgl. *Певзнер, М.*, Право собственности в недропользовании, Государство и право, № 3/2002, с. 28, 29 [*Pevzner, M.*, Das Eigentumsrecht bei der Erdkörpernutzung, in: Gosudarstvo i Pravo, Nr. 3/2002, S. 28, 29]; *Поздняков, А.*, О равенстве прав на природные ресурсы, Экология и жизнь, № 3/2002, с. 26–28 [*Pozdnjakov, A.*, Über die Parität der Rechte an Naturressourcen, in: Ėkologia i žizn', Nr. 3/2002, S. 26–28].

16 Vgl. *Василевская, Д.*, Нормативное закрепление права собственности на недра: опыт и тендеции, Журнал российского права, № 8/2007, S. 65 ff. [*Vasilevskaja, D.*, Rechtliche Verankerung des Eigentumsrechts am Erdkörper: Erfahrung und Ausblick, in: Žurnal rossijskogo prava, Nr. 8/2007, S. 65 ff.]; *Теплов, О.*, Развитие федерального законодательства о недрах, в: Журнал российского права, № 3/2003, с. 27 ff. [*Teplov, O.*, Die Entwicklung der föderalen Gesetzgebung über den Erdkörper, in: Žurnal rossijskogo prava, Nr. 3/2003, S. 27 ff.]; *Климова, О.*, К вопросу о праве собственности на недра в Российской Федерации, Недвижимость и инвестиции. Правовое регулирование, № 3 (44)/ 2010, с. 100 [*Klimova, O.*, Zur Frage über das Eigentumsrecht am Erdkörper in der RF, in: Nedvižimost' i investicii, Nr. 3 (44)/ 2010, S. 100], u. a.

b) *Abgrenzung zwischen föderalem Eigentum und dem Eigentum der Föderationsmitglieder*

Die Legaldefinition von „Staatseigentum" findet sich im Zivilgesetzbuch der Russischen Föderation in Art. 214 Abs. 1 ZGB[17], wonach der Begriff „Staatseigentum" das föderale Eigentum und das Eigentum der Föderationsmitglieder beinhaltet. Die Naturressourcen, die sich in niemandes Eigentum befinden, sind gemäß Art. 214 Abs. 2 ZGB dem staatlichen Eigentum zuzuordnen. Damit gilt grundsätzlich eine Vermutung des staatlichen Eigentumsrechts an den Naturressourcen und demgemäß auch an den im Erdkörper enthaltenen Bodenschätzen.[18] Dabei bestimmt Art. 214 Abs. 5 ZGB, dass die Zuordnung des öffentlichen Vermögens zum föderalen Eigentum oder dem Eigentum der Föderationsmitglieder in der gesetzlich vorgeschriebenen Weise vorzunehmen ist. In Anbetracht dessen, dass das Zivilgesetzbuch keine Aussagen darüber trifft, welches genaue Föderalgesetz eine solche Abgrenzung bezüglich des Erdkörpers und der darin enthaltenen Bodenschätze bestimmen soll, geht man davon aus, dass das Verfahren hierfür durch das ErdkörperG – das Spezialgesetz zur Regelungen der Rechtsverhältnisse im Bereich der Erdkörpernutzung – festgelegt werden soll.[19]

Bis zum Jahr 2008 enthielt das ErdkörperG die Norm, wonach das Verfahren zur Abgrenzung von Staatseigentum in einem weiteren „speziellen Gesetz" geregelt werden sollte. Ein solches Gesetz wurde bisher nicht beschlossen. Stattdessen hat der Gesetzgeber eine Einteilung von Erdkörperfeldern in „Erdkörperfelder föderaler Bedeutung" und „Erdkörperfelder lokaler Bedeutung" direkt im ErdkörperG vorgenommen. Durch diese im Jahr 2008 erfolgte Gesetzesänderung wurden die Kriterien für die Zuordnung von Erdkörperfeldern zu den Erdkörperfeldern föderaler Bedeutung im neu eingefügten Art. 2.1 ErdkörperG aufgeführt. Die Voraussetzungen für die Zuordnung der Erdkörperfelder zu den Erdkörperfeldern lokaler Bedeutung wurden allerdings erst im Jahr 2011 in das ErdkörperG aufgenommen und sind in Art. 2.3 ErdkörperG festgelegt.

---

17 Гражданский кодекс Российской Федерации от 30 ноября 1994 г., СЗ РФ 1994, № 32, ст. 3301 [Zivilgesetzbuch der RF vom 30. November 1994, SZ RF 1994, Nr. 32, Pos. 3301].

18 *Суханов, Е.*, Общие положения о праве собственности и других вещных правах, Хозяйство и право, № 6/1995, с. 41 [*Suchanov, E.*, Allgemeine Grundsätze über das Eigentumsrecht und andere Sachenrechte, in: Chozjajstvo i pravo, Nr. 6/1995, S. 41].

19 *Василевская, Д.*, Правовой режим недропользования в России и зарубежных странах, Москва, 2010, с. 202 [*Vasilevskaja, D.*, Rechtliche Rahmenbedingungen für die Erdkörpernutzung in Russland und Ausland, Moskau 2010, S. 202].

Erdkörperfelder föderaler Bedeutung, Art. 2.1 ErdkörperG	**Erdkörperfelder regionaler Bedeutung, Art. 2.3 ErdkörperG**
Erdkörperfelder, die: 1) Lagerstätten und Vorkommen von Uran, Diamanten, besonders reinem Quarz, seltenen Böden der Yttrium-Gruppe, Nickel, Kobalt, Tantal, Niobium, Beryllium, Lithium und Metallen der Platingruppe enthalten; 2) nach Angaben der staatlichen Bilanz der Bodenschatzvorräte seit 1. Januar 2006 folgende Bodenschatzvorräte enthalten: - gewinnbare Erdölvorräte ab 70 Millionen Tonnen; - Gasvorräte ab 50 Milliarden Kubikmeter; - Berggoldvorräte ab 50 Tonnen; - Kupfervorräte ab 500.000 Tonnen; 3) sich in Binnengewässern, Hoheitsgewässern und auf dem Festlandsockel der RF befinden, sowie jene, für deren bergbauliche Nutzung ein Zugriff auf die der Verteidigung und der Sicherheit des Staates dienenden Erdkörperfelder erforderlich ist.	Erdkörperfelder, die: 1) Lagerstätten allgemein verbreiteter Bodenschätze (z. B. Sand, Torf) enthalten; 2) für die Errichtung und den Betrieb unterirdischer Anlagen benutzt werden, die in keinem Zusammenhang mit der Exploration von Bodenschätzen stehen.

Im Zusammenhang mit dieser Aufteilung ausgearbeitete Rechtsnormen tragen jedoch nicht zur Abgrenzung des staatlichen Eigentums als solches bei, denn daraus geht nicht deutlich hervor, dass die Erdkörperfelder föderaler Bedeutung im föderalen Eigentum stehen und die Erdkörperfelder lokaler Bedeutung im Eigentum der Föderationsmitglieder. Die vorhandenen Rechtsbestimmungen regeln alleine die Aufteilung der Befugnisse der beiden Parteien im Hinblick auf die bergbauliche Tätigkeit, die mit dem jeweiligen Erdkörperfeld zusammenhängt.

Mit der Frage der möglichen Zuordnung von Naturressourcen zum Eigentum der Föderationsmitglieder befasste sich auch das Verfassungsgericht der RF, als es die Verfassungsmäßigkeit einzelner Bestimmungen der Verfassung des Föderationsmitglieds Republik Altai überprüfte. In Art. 16 Pkt. 1 enthielt diese Verfassung die Bestimmung, dass der Erdkörper sowie andere Naturressourcen das Eigentum der Republik Altai sind. In seinem Urteil erklärte das Verfassungsgericht diese Norm für verfassungswidrig und wies darauf hin, dass die Föderationsmitglieder keinen Anspruch darauf haben, die Naturressourcen auf ihrem Territorium zu eigenem Eigentum zu erklären und eine Regulierung der Eigentumsverhältnisse hinsichtlich der Naturressourcen vorzunehmen, welche ihre Nutzung im Interesse und in einer dem Gemeinwohl des Gesamtvolkes Russlands dienenden Weise beschränken würde.[20]

In Bezug auf das Fehlen einer klaren gesetzlichen Abgrenzung zwischen dem öffentlichen Vermögen der Föderation und dem der Föderationsmitglieder teilt sich die juristische Diskussion in zwei Lager. Die herrschende Meinung geht im Einklang mit der Rechtsprechung des Verfassungsgerichts davon aus, dass der Erdkörper und die darin enthaltenen Bodenschätze dem föderalen Staatseigentum zuzuordnen sind.[21] Einige Autoren sind dagegen zu Recht der Auffassung, dass eine gesetzlich klar festgelegte eigentumsrechtliche Zuordnung der im Erdkörper enthaltenen Bodenschätze zur föderalen und regionalen Ebene (mit einer möglichen Aussonderung des kommunalen Eigentums) unbedingt notwendig ist.[22] Der Hauptansatz dabei soll nicht die bloße Teilung des Erdkörpers als öffentliches Vermögen sein, sondern vielmehr die objektive Berücksichtigung von sozialwirtschaftlichen Interessen sowohl der Föderation (des Zentrums) als auch der Föderationsmitglieder, deren Durchsetzung durch die gesetzliche Festlegung der Anteilsrechte an den entsprechenden Steuern und Abgaben im bergbaulichen Bereich sowie durch eine klare Differenzierung der Verfügungs- und Kontrollbefugnisse zwischen diesen zwei Ebenen der Staatsorganisation gelöst werden kann.[23]

---

20 Entscheidung VerfG RF vom 07.06.2000 N10-P.

21 *Bystrov, G.*, in: *Säcker* (Hrsg.), Deutsch-russisches Energie- und Bergrecht im Vergleich, 2006, S. 105; *Климова* (Fn. 16), S. 100.

22 *Salieva, R.*, in: *Säcker* (Hrsg.), Russisches Energierecht. Gesetzessammlung, 2009, S. 13; *Певзнер, М.*, Горное право, Учебник, Москва, 2012, с. 73 [*Pevzner, M.*, Bergrecht, Lehrbuch, Moskau 2012, S. 73]; *Кимельман, С.*, К проблеме государственной собственности на недра, Имущественные отношения в Российской Федерации, № 1/2011, с. 7 [*Kimel'man, S.*, Zum Problem des staatlichen Eigentums am Erdkörper, in: Imuščestvennye otnošenija v RF, Nr. 1/2011, S. 7].

23 *Осокин, Н.*, К вопросу о разграничении природных ресурсов на федеральные и ресурсы субъектов РФ, Вестник Московского университета, № 6/1995, с. 38, 39 [*Osokin, N.*, Zur Frage der Abgrenzung der föderalen Naturressourcen von denen der Föderationsmitglieder, in: Vestnik der Moskauer Universität, Nr. 6/1995, S. 38, 39]; *Клюкин, Б.*, Развитие законодательной базы горного права РФ: проблемы и пути совершенствования, в: Нефть, Газ и Право, № 5/2011, с. 4 [*Kljukin, B.*, Die Entwicklung der Rechtsgrundlagen des Bergrechts in der RF: Probleme und Wege zur Vervollkommnung, in: Neft', Gaz i Pravo, Nr. 5/2011, S. 4]; *Морозова, А.*, Конституционные принципы права государственной собственности на недра, Конституционное и муниципальное право, № 2/2012, с. 49 [*Morozova, A.*, Verfassungsrechtliche Grundsätze bei staatlichem Eigentumsrecht am Erdkörper, in: Konstitucionnoe i municipal'noe pravo, Nr. 2/2012, S. 49].

Seitens des Gesetzgebers könnte diese umstrittene Frage dadurch ausgeräumt werden, dass er unter Berücksichtigung der bereits allgemein anerkannten Rechtsprechung über die ungeteilte eigentumsrechtliche Zuordnung des Erdkörpers zur Föderation das Eigentum am Erdkörper in Art. 1.2 ErdkörperG eindeutig als föderales Eigentum definiert. Würde der Gesetzgeber auf der Ebene der Verwaltungskompetenzen bei der bergrechtlichen Regulierung den Föderationsmitgliedern gleichzeitig mehr Befugnisse einräumen, wäre die Bestimmung des Art. 72 Verf RF nicht nur in formeller, sondern auch in tatsächlicher Hinsicht gewahrt. In diesem Zusammenhang wäre es wünschenswert, die Verfügungsgewalt über die Erdkörperfelder mit mittleren und kleineren Lagerstätten, die nach geltendem Recht den Erdkörperfeldern föderaler Bedeutung zugeordnet werden und dementsprechend im Zuständigkeitsbereich der Föderation liegen, auf die Ebene der Föderationsmitglieder zu übertragen.

2. Eigentumsverhältnisse an den bewilligten Erdkörperfeldern

a) Eigentumsrechtliche Zuordnung

So wie am Erdkörper kann an einem ausgewiesenen Erdkörperfeld kein privates Eigentum begründet werden. Da das Subjekt des staatlichen Eigentumsrechts der Staat ist, übt den Besitz über den Erdkörper auch der Staat aus, aber nur so weit, wie er den Erdkörper in Form eines ausgewiesenen Erdkörperfeldes einer anderen Person für die Nutzung zur Verfügung stellt. Ab diesem Zeitpunkt geht der Besitz zwar an den Erdkörpernutzer über, jedoch nur eingeschränkt. An dieser Stelle ist wichtig zu berücksichtigen, dass das Bergbauunternehmen, das ein bestimmtes Erdkörperfeld zugewiesen bekommt, nicht über das Besitzrecht an diesem Erdkörper als solches verfügt, sondern lediglich über ein beschränktes Besitzrecht in Form eines Rechts, das entsprechende Erdkörperfeld in einer bestimmten Art zu nutzen – Erdkörperfeldnutzungsrecht. Indem der Staat die Erdkörperfelder dem Bergbauunternehmen zur Verfügung stellt, bleibt der Staat als Eigentümer bestehen und verliert nicht seine eigentumsrechtlichen Befugnisse.[24] Das kommt insbesondere dadurch zum Ausdruck, dass er durch die im Bergrecht festgelegten Auflagen das Nutzungsrecht beschränkt (Bewilligungsverfahren).

24 *Климова* (Fn. 16), S. 10; *Клюкин, Б.*, О развитии договорной основы права пользования недрами в РФ, в: Сборник статей. Горное законодательство, Москва, 2005, с. 61 [*Kljukin, B.*, Über die Entwicklung der vertragsrechtlichen Grundlage des Nutzungsrechts am Erdkörper, in: Sammelband. Bergbaugesetzgebung, Moskau, 2005, S. 61].

b) Zivilrechtliche Verkehrsfähigkeit des Erdkörperfeldes

Hervorzuheben ist, dass das ErdkörperG *lex specialis* gegenüber dem ZGB RF ist. Eine Anwendung zivilrechtlicher Bestimmungen auf die Eigentumsverhältnisse im Bereich der Erdkörpernutzung sieht das ErdkörperG nicht vor. Mit anderen Worten werden die Rechtsbeziehungen, in welchen ein Erdkörperfeld als Rechtsobjekt auftritt, in erster Linie und überwiegend durch die Bergbaugesetzgebung geregelt, die in Russland einen öffentlich-rechtlichen Charakter hat.[25] Hier spiegelt sich die allgemeine Position der russischen Regierung hinsichtlich aller Naturressourcen wider, nämlich die Priorität der rechtlichen Normen aus den speziellen Fachgesetzen über die Naturressourcen, wie z. B. Forstgesetzbuch oder Wassergesetzbuch, gegenüber den zivilrechtlichen Bestimmungen.

In Art. 128, 130 ZGB RF werden die Erdkörperfelder zwar klar als unbewegliche Sachen definiert und unterliegen somit den zivilrechtlichen Bestimmungen. Durch die Regelung in Art. 1.2 Abs. 3 ErdkörperG werden sie jedoch als Rechtsobjekte aus dem zivilrechtlichen Verkehr herausgenommen.[26] Diese Norm besagt, dass „die Erdkörperfelder nicht gekauft, verkauft, verschenkt, vererbt, investiert, verpfändet oder in sonst einer Form veräußert“ werden können. Abgeleitet wird diese Regelung aus den Vorschriften des Art. 129 Abs. 3 ZGB RF, wonach die Naturressourcen aus dem Rechtsverkehr ausgeschlossen oder in ihrer Verkehrsfähigkeit beschränkt werden können.[27]

Die damit einhergehende Beschränkung der zivilrechtlichen Verkehrsfähigkeit des Erdkörperfeldes verhindert ausschließlich die Verfügungsgeschäfte über Erdkörperfelder und die darin enthaltenen, noch nicht gewonnenen Bodenschätze. Das Erdkörperfeldnutzungsrecht wird dadurch jedoch nicht

---

25 *Мельгунов, В.*, Некоторые вопросы судебно-арбитражной практики рассмотрения споров, связанных с пользованием недрами, Нефть, газ и право, № 3/2007, с. 22, 23 [*Mel'gunov, V.*, Einige Fragen der gerichtlichen und wirtschaftsgerichtlichen Praxis bei Behandlung der Streitigkeiten, die mit der Erdkörpernutzung zusammenhängen, in: Neft', Gaz i Pravo, Nr. 3/2007, S. 22, 23]; *Василевская, Д.*, Правовой режим недропользования в России и зарубежных странах: теория и практика, Москва, 2010, с. 255 [*Vasilevskaja, D.*, Rechtliche Rahmenbedingungen für die Erdkörpernutzung in Russland und im Ausland: Theorie und Praxis, Moskau 2010, S. 255].

26 *Теплов, О. М.*, Научно-практический комментарий к федеральному закону «О недрах», Москва, 2004, S. 41 [*Teplov, O.*, Wissenschaftlich-praktischer Kommentar zum Föderalgesetz „Über den Erdkörper“, Moskau, 2004, S. 41]; *Перчик* (Fn. 3), S. 109, 121.

27 *Kuzmishin, A./Sevillano, S.*, Übergang des Erdkörpernutzungsrechts nach russischem Bergrecht, in: WiRO, 2002, S. 330; *Климова* (Fn. 16), S. 97.

betroffen, was dem Bergbauunternehmen erlaubt, im Zuge der Nutzung des Erdkörperfeldes rechtmäßig gewonnene Bodenschätze anschließend zu verkaufen oder andere Rechtsgeschäfte damit durchzuführen.[28] Somit besteht die Verkehrsfähigkeit des Erdkörperfeldes nur darin, dass das Nutzugsrecht daran übertragen werden kann. Dafür sieht das ErdkörperG ein spezielles Verfahren vor (Art. 17.1 ErdkörperG).

Für die russische Gesetzgebung im Bereich der Naturressourcen und somit auch des Bergrechts gilt insgesamt eine eingeschränkte Anwendbarkeit der zivilrechtlichen Bestimmungen. Festgelegt wurde sie vom Gesetzgeber mit dem Ziel, dem besonderen rechtlichen Status, der allen Naturressourcen durch den Grundsatz der sozialen Bedeutung der Naturressourcen in Art. 9 Abs. 1 Verf RF beigemessen wird, zu entsprechen.[29] Dabei sieht das Bergrecht die strengsten Einschränkungen vor. Während im Forstgesetzbuch, Wassergesetzbuch oder Bodengesetzbuch die Anwendung des Zivilrechts in Bezug auf die Fragen der Eigentumsverhältnisse jeweils gesetzlich fixiert ist, ist ein Verweis auf die gleiche Möglichkeit im ErdkörperG nicht enthalten.[30] Daran wird einmal mehr der gesetzgeberische Wille erkennbar, der auf eine eingeschränkte Anwendungsmöglichkeit von zivilrechtlichen Vorschriften abzielt.

3. Eigentum an gewonnenen Bodenschätzen

a) *Eigentumsrechtliche Zuordnung*

Im Unterschied zu den Erdkörperfeldern kann an den gewonnenen Bodenschätzen auch privates oder anderes Eigentum begründet werden. Laut Art. 1.2 Abs. 3 ErdkörperG können sich die gewonnenen Bodenschätze gemäß den in der Bergbauberechtigung festgelegten Bedingungen in föderalem, kommunalem, privatem oder im Eigentum der Föderationsmitglieder sowie in anderen Formen

---

28 *Sailer, J.*, Rechtliche Rahmenbedingungen der Aufsuchung, Exploration, Erschließung und Förderung von Bodenschätzen in der RF durch russische und ausländische Investoren, Berlin, 2012, S. 43.

29 *Sailer* (Fn. 28), S. 46. Vgl. auch *Дадашева, Д.*, Особенности оборотоспособности природных ресурсов, Правовой вестник: сборник научных статей, Махачкала, 2011, с. 139–143 [*Dadaševa, D. R.*, Besonderheiten der rechtlichen Verkehrsfähigkeit von Naturressourcen, in: Pravovoj Vestnik – Sammelwerk wissenschaftlicher Beiträge, Machačkala, 2011, S. 139–143].

30 *Sailer* (Fn. 28), S. 46; *Яковлев, В.*, Горное право современной России, учебное пособие, Москва, 2012, с. 86 [*Jakovlev, V.*, Das Bergrecht im modernen Russland, Lehrbuch, Moskau, 2012, S. 86].

des Eigentums befinden. Durch einen solchen Aufbau des Art. 1.2 ErdkörperG wird den verfassungsrechtlichen Vorgaben des Art. 9 Abs. 2 Verf RF hinsichtlich des Eigentumsrechts an den Bodenschätzen in privater oder kommunaler Form Rechnung getragen.[31]

Aus der gesetzessystematischen Betrachtung des Wortlauts des Art. 1.2 ErdkörperG resultiert, dass das Monopoleigentum des Staates nur auf die Bodenschätze Anwendung findet, die sich noch im Erdinneren befinden. Ab dem Zeitpunkt der Ausbringung der Bodenschätze kann das staatliche Eigentum in privates Eigentum oder andere Eigentumsformen (z. B. kommunales Eigentum) übergehen.[32] Somit wird die Begründung des Privateigentums an den Bodenschätzen an die Erfüllung von zwei Voraussetzungen geknüpft. Zum einem muss die Eigentumsform in der jeweiligen Bergbauberechtigung festgelegt sein. Hinsichtlich dieser bereits in Art. 1.2 Abs. 3 ErdkörperG festgelegten Bedingung sieht Art. 12 Abs. 7 ErdkörperG zusätzlich vor, dass die Bergbauberechtigung obligatorisch Angaben zur „vereinbarten Eigentumsform an den gewonnenen Bodenschätzen" enthalten muss. Zum anderen muss der Zeitpunkt der Bodenschätzeextraktion angegeben sein.

b) *Zeitpunkt der Eigentumsübertragung*

Eine Lücke in der russischen Berggesetzgebung stellt die Tatsache dar, dass es sowohl im ErdkörperG als auch in den anderen Rechtsakten an der Festlegung der Bestimmungen fehlt, die den Zeitpunkt der Übertragung des Eigentumsrechts an den gewonnenen Bodenschätzen vom Staat an das Bergbauunternehmen regeln. In Art. 12 Abs. 7 ErdkörperG ist zwar festgelegt, dass die Bergbauberechtigung die Angaben zur Eigentumsform an den gewonnenen Bodenschätzen enthalten soll. Unklar bleibt jedoch, in welcher Form und in welchem Zeitpunkt das Eigentum vom Staat auf das Bergbauunternehmen übergeht.[33] Die unzureichende Regelung durch die bloße Festlegung der Eigentumsform in den Bedingungen zur Bergbauberechtigung, wie es das ErdkörperG verlangt, wird durch die Tatsache bestätigt, dass in der überwiegenden Mehrheit der

---

31 *Kuzmishin/Sevillano* (Fn. 27), S. 329.

32 *Изюмов, И.* (под ред.), Горное право, учебник, Москва, 2010, с. 179 [*Izjumov, I.* (Hrsg), Bergrecht, Lehrbuch, Moskau, 2010, S. 179]; *Яковлев* (Fn. 30), S. 95 ff.; siehe auch *Sailer* (Fn. 28), S. 51.

33 *Певзнер* (Fn. 15), S. 28, 29; *Пименова, О.*, Нефть как объект гражданских правоотношений, Право и инвестиции, № 3–4/2011, с. 50 [*Pimenova, O.*, Erdöl als Objekt bürgerlich-rechtlicher Beziehungen, in: Pravo i Investicii, Nr. 3–4/2011, S. 50].

Bergbauberechtigungen auf die Eigentumsform an den gewonnenen Bodenschätzen nicht eingegangen wird.[34] Ein weiterer Nachteil dieser Regelung ist die Tatsache, dass die anderen im Erdinneren enthaltenen Naturressourcen, wie z. B. Tiefbauanlagen, die mit der Bodenschätzegewinnung nicht zusammenhängen (z. B. Gasspeicher), oder die Erdwärme bei der Frage der Eigentumsübertragung außerhalb des Gesetzesrahmens bleiben.

Die Grundlagen zum Eigentumserwerb regelt das ZGB RF in Art. 218 i. V. m. Art. 136 ZGB RF. Die herrschende Meinung sieht im Hinblick auf die gewonnenen Bodenschätze keine Möglichkeit einer Anwendung des Art. 136 ZGB RF, der das Eigentum an der Produktion regelt, mit der Begründung, dass die gewonnenen Bodenschätze nicht als „Produktion infolge der Nutzung der Sache (Nutzung des Erdkörperfeldes)" im Sinne des Art. 136 ZGB RF qualifiziert werden können.[35] In Betracht kommt somit der Eigentumserwerb gemäß Art. 218 Abs. 2 ZGB RF. Danach erfolgt der Eigentumserwerb an einer nicht herrenlosen Sache auf Grund eines Rechtsgeschäfts, dessen Gegenstand die Veräußerung jener Sache ist. Daraus lässt sich schließen, dass eine rechtmäßige Übertragung des Eigentums an den gewonnenen Bodenschätzen vom geltenden Eigentümer an eine andere Person nur auf der Grundlage eines Vertrages begründet werden kann.[36] Nach Art. 223 ZGB RF wird bei einem Vertrag das Eigentumsrecht des Erwerbers an der Sache im Zeitpunkt ihrer Übergabe begründet. Die „Übergabe" definiert Art. 224 ZGB RF als „Aushändigung der Sache an den Erwerber, Abgabe an den Transportdienstleister zur Auslieferung an den Erwerber oder die Übergabe der Sache an eine Versandgesellschaft zur Verschickung an den Erwerber".

Bekanntlich kann eine Bergbauberechtigung ihrer Rechtsnatur nach nicht als ein Vertrag oder anderes Rechtsgeschäft bezeichnet werden, da sie eine spezielle Erlaubnis des Staates – einen Verwaltungsakt – darstellt, der dem Bergbauunternehmen die Nutzung eines bestimmten Erdkörperfeldes genehmigt. Der Abschluss derartiger Verträge ist nach dem russischen Bergrecht nicht vorgesehen und wird in der Praxis nicht praktiziert. In Anlehnung an die Bestimmungen der Art. 223, 224 ZGB RF gilt *de facto* die nicht normative Regel, dass der Zeitpunkt der Eigentumsübertragung für flüssige und gasförmige Rohstoffe dem Zeitpunkt der Rohstoffzubringung zur Bohrlochmündung und für feste Rohstoffe zum Stoß (der Grube) entspricht.[37]

---

34 *Кимельман* (Fn. 22), S. 8.
35 Vgl. *Яковлев* (Fn. 30), S. 98–102.
36 *Яковлев* (Fn. 30), S. 104.
37 *Перчик* (Fn. 3), S. 126; *Пименова* (Fn. 33), S. 51.

V. Ist die Transformation gelungen?

Die beträchtliche Bedeutung von Bodenschätzen für die Gewährleistung des sozialwirtschaftlichen Wohls Russlands wurde durch die Herrscher bereits seit Beginn des 18. Jahrhunderts anerkannt. Aus diesem Grund wurden die volkswirtschaftlich wichtigen Bodenschätze schon damals aus dem Grundeigentum herausgelöst und in das Eigentum des Staates übertragen, der die Bergbauberechtigungen daran erteilte. So stehen die im Erdkörper befindlichen Bodenschätze seit jeher im ausschließlichen Eigentum des Staates. Abhängig von der Auffassung über die Wirtschaftssysteme im Verlauf der russischen Staatsgeschichte wechselte jedoch der Zugriff auf die Verfügungsgewalt über sie. So hatten die neue Verfassung der RF aus dem Jahr 1993 und das ErdkörperG von 1992 die Aufgabe, die eigentumsrechtliche Zuordnung der Bodenschätze an die neue marktwirtschaftlich orientierte Rechtsordnung anzupassen.

Alle sich noch im Erdkörper befindenden Bodenschätze und andere Ressourcen (Erdwärme) blieben gemäß Art. 1.2 ErdkörperG im ausschließlichen Eigentumsrecht des Staates. An den gewonnenen, d.h. dem Erdkörper bereits entnommenen Bodenschätzen können jedoch Privateigentum oder eine andere Form des Eigentums begründet werden. Damit wird die verfassungsrechtliche Norm über die Zulässigkeit der Eigentumsvielfalt formell eingehalten. Als Eigentümer erteilt der Staat den Bergbauinteressenten gegen Steuern und Abgaben ein Nutzungsrecht an einem abgegrenzten Erdkörperfeld, dessen zivilrechtliche Verkehrsfähigkeit eingeschränkt ist.

Eine solche Ausgestaltung des Eigentumsrechts an Bodenschätzen ermöglichte es, in der postsowjetischen Zeit ein funktionierendes System der bergrechtlichen Regulierung aufzubauen und dadurch die Interessen beider Hauptakteure zu befriedigen. Der Staat bekam für den Haushalt eine hohe Rohstoffrente, und die Bergbaukonzerne konnten durch die Investitionen ihre Gewinne steigern. Eine lückenfreie und strukturell klar aufgebaute Regelung der Eigentumsfrage an Bodenschätzen ist jedoch nicht gelungen.

Eine tatsächliche Abgrenzung des staatlichen Eigentums sowohl an den im Erdkörper enthaltenen Bodenschätzen als auch an den Erdkörperfeldern zwischen dem föderalen Eigentum (Föderation) und regionalen Eigentum (Föderationsmitglieder) ist gesetzlich bis heute nicht vollzogen worden. Weder die Verfassungsvorgaben noch das ErdkörperG enthalten Vorschriften darüber, in welchem Verhältnis die Zuordnung eines Erdkörperfeldes zum föderalen oder regionalen Erdkörperfeld und die Zuordnung eines Erdkörperfeldes zum föderalen oder regionalen Eigentum zueinander stehen. Unklar bleibt, ob die Qualifizierung eines Erdkörperfeldes als föderales oder regionales Objekt automatisch bedeutet, dass es sich jeweils im föderalen oder regionalen Eigentum befindet. Es scheint so, als ob der russische Staat es bevorzugt, den Status quo beizubehalten, wonach das öffentliche Eigentum an den Bodenschätzen gesetzlich weder abgegrenzt noch der Föderation zugeordnet ist, es jedoch in Übereinstimmung mit der Rechtsprechung des Verfassungsgerichts *de facto* dem ungeteilten föderalen Eigentum zugeordnet wird.[38] Offenbar möchte der Gesetzgeber mit dieser Haltung verhindern, dass es zu möglichen Auseinandersetzungen mit Föderationsmitgliedern kommt, falls er das einheitliche Eigentumsrecht der Föderation an den Bodenschätzen im ErdkörperG klar festlegen würde.

38 Vgl. *Теплов* (Fn. 26), S. 40; *Изюмов* (Fn. 32), S. 179; *Морозова* (Fn. 23), S. 50, 5]; *Олейник, О./Сивицкий, В./Теплов, О.*, Правовое регулирование добычи и реализации полезных ископаемых, Москва, 2010, с. 30 [*Olejnik, O./Sivickij, V./Teplov, O.*, Rechtlicher Rahmen für die Gewinnung und den Vertrieb von Bodenschätzen, Moskau, 2010, S. 30].

GESAMTRESÜMEE

Prof. Dr. Gerrit Manssen

Gesamtresümee zur Tagung: Ist die Transformation gelungen? Eigentum und Eigentumsordnung im postsozialistischen Europa

1. Die Organisatoren der diesjährigen Tagung haben mit ihrem Programmdesign einen bunten Strauß an sehr unterschiedlichen Themen präsentiert. Als Auftakt für die Erörterung der spezifisch ostrechtlichen Fragen diente das Referat des früheren Präsidenten des Bundesverfassungsgerichts, Herrn *Papier*, der die nationale Dogmatik der verfassungsrechtlichen Eigentumsgarantie sowie einige vielfach unter seiner Mitwirkung ergangene Entscheidungen des Bundesverfassungsgerichts zur Transformation der Eigentumsordnung im Zuge der deutschen Einigung vorstellte. Das Gesamtresümee wird jemandem übertragen, der seine wissenschaftlichen Schwerpunkte ebenfalls im deutschen Staats- und Verwaltungsrecht hat. Die ostrechtlichen Fragestellungen werden sozusagen eingerahmt vom nationalen Verfassungsrecht und deshalb im Folgenden auch durch eine „nationale" Brille betrachtet.

2. Die Tagung stand unter einem sehr weiten Thema, „Eigentum und Eigentumsordnung". Es wurde aus verschiedenen Perspektiven beleuchtet. Ein gewisser Schwerpunkt lag in der Behandlung von Themen des klassischen Sachenrechts. Dem unbefangenen Betrachter stellt sich dabei die Frage, ob das bürgerliche Sachenrecht unbedingt Referenzcharakter für den Transformationsprozess hat oder haben kann. Das dritte Buch des deutschen BGB, also die §§ 854–1296, hat mehrere staatsrechtliche Epochen überdauert, ohne dass es substanziell geändert worden wäre. Es trat am 1.1.1900 noch zur Kaiserzeit in Deutschland in Kraft, galt in der Weimarer Republik, im Dritten Reich, in der 1949 konstituierten Bundesrepublik Deutschland und bis 1976 im sozialistischen Rechts- und Wirtschaftssystem der DDR. Als ähnlich „stabil" gegen staatsrechtliche Veränderungen erwies sich das polnische ZGB aus den 1960er Jahren. Es wurde nach der Wende in Polen um etwas sozialistische Rhetorik bereinigt und konnte im Übrigen in der Rechtspraxis weiter verwendet werden. Wenn der große deutsche Verwaltungsrechtler *Otto Mayer* nicht Verwaltungsrechtler, sondern Zivilrechtler geworden wäre, hätte er möglicherweise formuliert: „Verfassungsrecht vergeht, Sachenrecht besteht" (und muss deshalb gar nicht transformiert werden). Gleichwohl: Nicht

alle Sachenrechtsordnungen waren oder sind so zeitlos wie das deutsche dritte Buch des BGB. Außerdem lassen sich auch aus der Betrachtung einer im Vergleich zum Verfassungs- oder Verwaltungsrecht gefestigten Rechtsmaterie wie dem Sachenrecht einige interessante Schlussfolgerungen auf den Transformationsprozess ziehen, zumal mehrere Beiträge zu den öffentlich-rechtlichen Grundlagen der Eigentumsordnung ergänzend hinzu kamen.

3 a). Zunächst wurde festgestellt, dass sich die postsozialistischen Rechtsordnungen im Bereich des Eigentumsrechts nicht vollständig von ihren sozialistischen Wurzeln emanzipiert haben. Insbesondere die Referate von Frau *Kurzynsky-Singer* und Herrn *Wieser* haben gezeigt, dass sich gewisse sozialistische Vorstellungen und Begrifflichkeiten auch im aktuellen Recht widerspiegeln. Das „alte" Recht hat aber immerhin eine gewisse rechtskulturelle Bedeutung. Möglicherweise wirkt es in gewissem Rahmen identitätsstiftend und wirkt dem Eindruck entgegen, alles Bisherige sei ungerecht, unsinnig oder überflüssig gewesen. Andererseits ist insbesondere im Beitrag von Herrn *Wieser* die Frage gestellt worden, welche Folgen sich etwa daraus ergeben, dass die Verfassung der Russischen Föderation in sozialistischer Tradition eine Garantie des privaten, des kommunalen und des staatlichen Eigentums enthält. Herr *Wieser* vermochte darin keinen „Mehrwert" zu erkennen. Die Perspektive des deutschen Rechts bestätigt diese Einschätzung. Eine verfassungsrechtliche Garantie des Eigentums soll private Vermögenswerte vor einem ungerechtfertigten Zugriff des Staates schützen. Der Staat kann sein Eigentum auch selbst schützen, dazu benötigt er keine grundrechtlichen Garantien, der Schutz von „kommunalem" Eigentum gehört aus deutscher Sicht eher in den Bereich der kommunalen Selbstverwaltung. Kommunales Eigentum dient der kommunalen Aufgabenerfüllung, der rechtliche Kontext ist dadurch ein völlig anderer als beim zur Freiheitssicherung geschützten privaten Eigentum. Aber dies ist zugegebenermaßen nur eine Regelungstechnik, zudem eine deutsche Sichtweise, keine Grundbedingung für eine gelungene Transformation.

3 b). Ungereimtheiten und Verwerfungen ergeben sich eher aus einer unbedachten bzw. nicht hinreichend reflektierten Übernahme von „unpassenden" Rechtsfiguren, was Frau *Hadžimanović* am Beispiel des Imports von Rechtsfiguren wie der „besitzlosen" Sicherungsübertragung durch postsozialistische Rechtssysteme in Südosteuropa nachgewiesen hat. Man sollte – so könnte man überspitzt formulieren – nicht alles nachmachen, was die Deutschen (oder andere) vormachen, sondern gut überlegen, ob die fraglichen Rechtsfiguren überhaupt zur eigenen Rechtsordnung passen, eine Mahnung, die zweifellos bei jedem rechtlichen Transformationsvorgang zu beachten ist. Frau *Hadžimanović* hat deshalb darauf hingewiesen, dass manche Importe im Bereich des Kreditsicherungsrechts

zu „unnötigen Redundanzen“ führen könnten, weil das vorhandene Rechtssystem hinreichende Angebote an geeigneten Rechtsinstituten enthalte (wobei man die Frage stellen kann, ob nicht der Begriff „unnötige Redundanz“ bereits wieder eine „unnötige Redundanz“ ist).

Ein gewisses rechtskulturelles Problem ist beim Blick auf die Rechtsentwicklung in den postsozialistischen Staaten offensichtlich die Frage der Rechtssicherheit. Gibt es auch ein Recht neben oder außerhalb des Gesetzesrechts? Anscheinend besteht in den Transformationsstaaten ein höheres Bedürfnis nach der gesetzlichen Regelung von Rechtsinstituten und eine – dies ergaben jedenfalls die Ausführungen von Frau *Hadžimanović* – Skepsis gegenüber einer möglicherweise als zu extensiv empfundenen richterrechtlichen Rechtsfortbildung. Das deutsche Kreditsicherungsrecht scheint daher kein gutes Exportmodell für die postsozialistischen Rechtssysteme zu sein, denn es lässt sich aus einer Lektüre des dritten Buches des BGB kaum mehr erschließen. Wesentliche Figuren wie das Anwartschaftsrecht oder die Sicherungsübereignung mit lediglich mittelbarer Besitzeinräumung beim Sicherungsnehmer sind richterrechtlich entwickelt und zugelassen worden. Ein solcher Prozess setzt aber eine sehr gut ausgebildete Richterschaft, eine intensive wissenschaftliche Begleitung und ein Rechtsschutzsystem voraus, welches Rechtseinheitlichkeit durch entsprechende Rechtsbehelfsmöglichkeiten sicherstellt. Soweit in den Transformationsstaaten Zweifel bestehen, ob diese Voraussetzungen vollständig gegeben sind, sollte – insofern ist Frau *Hadžimanović* zuzustimmen – im Interesse der Rechtssicherheit auf gewohnheitsrechtliche Übernahmen aus anderen Rechtsordnungen verzichtet werden. Möglicherweise sind in Deutschland die Grenzen für eine richterliche Rechtsfortbildung auch lange Zeit viel zu weit gezogen worden. Das deutsche Bundesverfassungsgericht hat in den ersten Jahrzehnten der Existenz der Bundesrepublik Deutschland viel „durchgehen“ lassen und hätte viel eher und energischer der einen oder anderen Rechtsfortbildung durch die Zivilgerichte entgegen wirken sollen. Eine weitgehende Identität von Gesetz und Rechtspraxis ist durchaus ein rechtsstaatlicher Wert.

3 c). Die Ausführungen insbesondere von Herrn *Zoll* zum polnischen Zivilrecht haben gezeigt, dass die Transformationsdiskussion bereits von neuen Fragestellungen überlagert wird, die sich etwa aus der rasanten Entwicklung des Internets ergeben. Der Umgang mit Vertragsschlüssen im Internet, dem Verbraucher- und Datenschutz oder dem Einsatz neuartiger Zahlungsmittel wie „bitcoins“ stellen in allen modernen Staaten Anfragen an die Ausgestaltung des Rechts, die in ihrer Bedeutung die Transformationsdiskussion möglicherweise bald über-

lagern werden. Der Bedarf für eine Rechtsanpassung ist in diesen Bereich bei postsozialistischen Staaten ähnlich wie etwa in Deutschland.

3 d). Nur ansatzweise angesprochen wurde die Frage der Verbindung der verfassungsrechtlichen Transformation des Eigentumsschutzes mit der Transformation des zivilrechtlichen Sachenrechts. Möglicherweise ist dies darauf zurückzuführen, dass eine einmal geschaffene klassische bürgerliche Sachenrechtsordnung den grundsätzlichen Verfassungsauftrag zur Bereitstellung von Rechtsinstituten zum Erwerb, zur Nutzung und zur Veräußerung (in deutscher Terminologie: „Institutsgarantie") erfüllt, ohne anschließend besonderen Konfliktstoff zu liefern. Jedenfalls scheint dies aus deutscher Sicht so zu sein. Während das Bundesverfassungsgericht zu anderen Büchern des Bürgerlichen Gesetzbuchs viele und oft wegweisende Entscheidungen getroffen hat (vor allem im Familien- und Eherecht, aber auch im Schuldrecht oder zur Rechtsgeschäftslehre), sind klassische sachenrechtliche Problemstellungen eher selten Gegenstand von Verfassungsgerichtsentscheidungen gewesen. Bemerkenswert war wohl vor allem die Feststellung des Gerichts aus dem Jahr 1993, auch das Besitzrecht des Mieters sei „Eigentum" i. S. v. Art. 14 GG (BVerfGE 89, 1 ff.). Viele haben sich nach diesem Urteil allerdings keine weiteren Judikate des Verfassungsgerichts zum Sachenrecht mehr gewünscht.

3 e). Ein wesentlicher Transformationsbedarf in den postsozialistischen Staaten bestand vor allem darin, den Menschen dort überhaupt die Chance zu geben, wirtschaftlich eigenverantwortlich zu agieren und nachhaltig Vermögen zu bilden. Teilaspekte dieser Problematik haben die Beiträge zum russischen Recht von Frau *Zaykova* zu Bodenschätzen und Naturressourcen und von Herrn *Breig* zum Bodenverkehr beleuchtet. Gesteuert wurde und wird die Privatisierung von Staatseigentum zweifellos auch vom privaten und öffentlichen Unternehmensrecht, durch das letztlich die wesentlichen wirtschaftlichen Weichenstellungen erfolgen. Insbesondere muss entschieden werden, welche Bereiche der öffentlichen Daseinsvorsorge ganz, teilweise oder nicht privatisiert werden sollen. Hierbei zeigten sich ganz ähnliche Fragestellungen wie in der deutschen Diskussion (Beitrag von Herrn *Schramm*).

4. Ist nun die Transformation im Bereich der Eigentumsordnung gelungen? Eine ausdrückliche Antwort haben die meisten Referentinnen und Referenten vermieden. Einige haben aber indirekt dazu Stellung genommen.

4 a). Die Ausführungen von Herrn *Papier* dürften dahingehend zu verstehen sein, dass die Transformation im deutschen Rechtskreis aus seiner Sicht (und aus der Sicht der meisten, überwiegend konservativen deutschen Staatsrechtslehrer) gelungen ist. Manche Gesetzgebungsvorhaben hätten einschließlich der notwen-

digen verfassungsgerichtlichen Prüfung etwas lange gedauert, aber aus heutiger Sicht sei alles soweit in Ordnung. Vom früheren DDR-Recht ist in der deutschen Eigentumsordnung nicht viel übrig geblieben, kaum jemand weint dem früheren DDR-Recht auch nur eine Träne nach (nicht nur in der Eigentumsordnung). Die Sachenrechtsbereinigung hat das Zivilrecht von sozialistischen Fehlbildungen befreit und sachenrechtliche Rechtseinheit hergestellt. Das Bundesverfassungsgericht hat die Sachenrechtsbereinigung als verfassungsmäßig angesehen (siehe etwa den Beschluss der 2. Kammer vom 22. Februar 2001, 1 BvR 198/98).

In anderen Bereichen als dem bürgerlichen Sachenrecht konnten Gesetzgeber und Verfassungsgericht die Folgen von 40 Jahren Sozialismus auf deutschem Boden nicht mehr vollständig ungeschehen machen. Sehr umstritten waren lange Zeit die gesetzlichen Regelungen über die entschädigungslos erfolgten Enteignungen auf besatzungsrechtlicher Grundlage zwischen 1945 und 1949 in der damaligen sowjetischen Besatzungszone. Den Ausschluss der Rückgabe des verlorenen Eigentums durch den gesamtdeutschen Gesetzgeber (angeblich eine Bedingung für die Zustimmung der UdSSR zur deutschen Wiedervereinigung) hat das Bundesverfassungsgericht – aus Sicht von Herrn *Papier* zu Recht, aus meiner Sicht zu Unrecht – für verfassungsmäßig erachtet (siehe BVerfGE 112, 1 ff.). Kritik sei höchstens bezüglich der Höhe der Entschädigung angebracht gewesen. Insgesamt sei die Bundesrepublik Deutschland für Maßnahmen der sowjetischen Besatzungsmacht oder des spätere SED-Regimes aber nicht verantwortlich gewesen, sodass sich ein weiter Gestaltungsspielraum des Gesetzgebers im Hinblick auf die Entschädigung ergeben hätte. Eine vollständige Kompensation nach den Regeln des Art. 14 GG sei nicht erforderlich gewesen, weil weder die sowjetische Besatzungsmacht noch das SED-Regime eine nach den Regeln des Grundgesetzes legitimierte Staatsgewalt ausübten.

Manche verfassungsrechtlichen Erkenntnisse, die aus der Sicht des deutschen Verfassungsrechtlers (und Verfassungsrichters) von Herrn *Papier* als rechtsstaatlich eigentlich unabdingbar verstanden und dargestellt wurden, gibt es allerdings in den Verfassungen anderer Staaten gar nicht. Eine Institutsgarantie des Eigentums kennt außer in Deutschland soweit ersichtlich nur Spanien. Man kann die Ausführungen von Herrn *Papier* deshalb auch nicht dahingehend verallgemeinern, dass die Transformation der Eigentumsordnung eines postsozialistischen Staates nur dann gelungen angesehen werden kann, wenn sie den Anforderungen entspricht, die Art. 14 GG enthält bzw. die das Bundesverfassungsgericht aus dieser Norm ableitet.

4 b). Eine Antwort auf die Frage, ob die Transformation gelungen ist, suchte ausdrücklich Herr *Pürner* in seinen Ausführungen zur Einführung des sog. la-

teinischen Notariates in den jugoslawischen Nachfolgestaaten. Letztlich geht es beim lateinischen Notariat darum, den Abschluss und den Vollzug von Grundstücksgeschäften auf besonders spezialisierte Juristen (nämlich Notare) zu übertragen und sie nicht jedem „Feld-, Wald- und Wiesenanwalt" zuzugestehen. Die allgemeine Einführung des lateinischen Notariates in den Staaten des Westbalkans scheitert derzeit aus der Sicht von Herrn *Pürner* (nicht ganz überraschend) am Futterneid und der Lobbyarbeit der dortigen Anwälte und Anwaltsvereinigungen. Ein lateinisches Notariat sei aber nötig, denn nur eine berufliche Spezialisierung im Bereich von Grundstücksgeschäften garantiere eine neutrale Beratung und Ausführung sowie eine hinreichende Sach- und Rechtskenntnis für die regelmäßig anspruchsvollen Rechtsprobleme bei Grundstücksgeschäften. Somit könne die Transformation aus der Sicht von Herrn *Pürner* erst dann als gelungen betrachtet werden, wenn – am besten nach bayerischem Vorbild – ein lateinisches Notariat eingeführt worden sei. Der Ansatz von Herr *Pürner* ließe sich – etwas überspitzt betrachtet – noch weiterdenken: Um feststellen zu können, welche Absolventen denn Spitzenjuristen und deshalb zur Übernahme eines Notariates fähig und würdig sind, könnte ein dem bayerischen Examen vergleichbarer Abschluss eingeführt werden, am besten mit einer dynamischen Verweisung auf die bayerische Juristenausbildungs- und Prüfungsordnung, die sicherstellt, dass nur Notar werden darf, wer zu den 2–3 Prozent Besten seines Jahrgangs gehört. Insofern läge noch eine Steigerung zum Beitrag von Herrn *Papier* vor. Man würde den Transformationsprozess nicht durch eine „deutsche", sondern gleich durch eine „bayerische" Brille betrachten und bewerten.

4 c). Ein Maßstab dafür, ob die Transformation gelungen ist, könnte sich aber auch – unter Rückgriff auf die Ausführungen von Herrn *Michl* – aus der Europäischen Menschenrechtskonvention (EMRK) ergeben. Die Referate auf der Tagung haben nachgewiesen, dass der Zustand der Gesetzgebung in den postsozialistischen Staaten sowohl im Bereich des Verfassungsrechts als auch auf der Ebene des einfachen Rechts den Anschluss an europäische Standards in vielen Bereichen gefunden haben dürfte. Die Qualität der wissenschaftlichen Behandlung der aufgeworfenen Fragen auf der Tagung war teilweise durchaus beeindruckend, etwa dort, wo die Ergebnisse langjähriger Forschungen im Rahmen von Habilitationsprojekten vorgestellt wurden. Gleichwohl ist das postsozialistische Russland in den vergangenen 20 Jahren im hier behandelten Bereich der Eigentumsgarantie mehr als 500 Mal vom Europäischen Gerichtshof für Menschenrechte verurteilt worden (Deutschland bei sehr viel längerer Mitgliedschaft drei Mal!). Eine noch größere Zahl von Verurteilungen gegenüber Russland gab es wohl vor allem deshalb nicht, weil irgendwann auch die Richterinnen und Richter am EGMR

schlafen, essen und Urlaub machen müssen. Dass Italien und die Türkei ähnlich hohe Zahlen an Verurteilungen wie Russland aufzuweisen haben, ist kein „Trost". Eine Transformation auf das rechtsstaatliche Niveau Italiens oder der Türkei kann nicht als gelungen bezeichnet werden. Um gleich einem Verdacht entgegen zu treten, der bei einer Kritik an Russland immer wieder erhoben wird: Die hohe Zahl an Verurteilungen im Falle von Russland ist nicht auf westliche Besserwisserei oder Bevormundung zurückzuführen. Im Beitrag von Herrn *Michl* wurde deutlich nachgewiesen, dass der EGMR nur einen Mindeststandard im Hinblick auf den Eigentumsschutz garantiert, der Gerichtshof tritt unfairen oder willkürlichen Behandlungen bzw. extremen Belastungen entgegen und überlässt ansonsten den Mitgliedstaaten durch die „margin of appreciation"-Doktrin einen weiten Spielraum bei der Definition von öffentlichen Interessen.

Vor allem in Russland (sicherlich aber auch in anderen Staaten wie etwa der Ukraine) scheint es also mit der Transformation noch zu haken. Die Gründe dürften nicht einfach zu benennen sein. Liegen die Defizite doch noch in der Gesetzgebung? Mangelt es an der Unabhängigkeit der Gerichte? Liegt die Ursache für die zahlreichen Verletzungen der Eigentumsgarantie der EMRK in mangelnder Korruptionsbekämpfung? Die Transformationsdiskussion kann deshalb sicher noch nicht beendet werden. Der Deutschen Gesellschaft für Osteuropakunde und insbesondere ihrer Fachgruppe Recht wird es auch in Zukunft nicht an Themen für weitere Tagungen mangeln.

Autorinnen und Autoren dieses Bandes

Dr. Nataša Hadžimanović, Rechtsanwältin, Habilitandin der Universität Luzern, Zürich
n.hadzimanovic@gabriel-arbitration.ch

Dr. Eugenia Kurzynsky-Singer, Wissenschaftl. Referentin, Referat Russland/ GUS, Max-Planck-Institut für ausländisches und internationales Privatrecht
kurzynsky@mpipriv.de

Prof. Dr. Dr. h.c. Herbert Küpper, Geschäftsführer, Wissenschaftl. Referent für ungarisches und kosovarisches Recht, Institut für Ostrecht München
herbert.kuepper@ostrecht.de

Ass. iur. Fabian Michl, LL.M. (Edin.), Wissenschaftl. Mitarbeiter, Lehrstuhl für Öffentliches Recht, insbes. deutsches und europäisches Verwaltungsrecht, Universität Regensburg
Fabian.Michl@jura.uni-regensburg.de

Prof. Dr. Gerrit Manssen, Lehrstuhl für Öffentliches Recht, insbes. deutsches und europäisches Verwaltungsrecht, Universität Regensburg
gerrit.manssen@jura.uni-regensburg.de

Dr. Stefan Pürner, Projektbereichsleiter Südosteuropa, Deutsche Stiftung für Internationale Rechtliche Zusammenarbeit, Bonn
puerner@irz.de

Prof. Dr. Dres. h.c. Friedrich-Christian Schroeder, Wissenschaftlicher Leiter, Institut für Ostrecht München
fcschroe@t-online.de

Univ.-Prof. DDr. Bernd Wieser, Institut für Öffentliches Recht und Politikwissenschaft sowie Russian, East European & Eurasian Studies Centre, Karl-Franzens-Universität Graz
bernd.wieser@uni-graz.at

Dr. Maria Zaykova, Institut für Energie- und Regulierungsrecht Berlin
Zaykova@enreg.eu

Prof. Dr. Dr. h.c. Fryderyk Zoll, Jagiellonen Universität Krakau, Lehrstuhl für Europäisches und Polnisches Privatrecht sowie Rechtsvergleichung, Universität Osnabrück
fzoll@uni-osnabrueck.de

Studien des Instituts für Ostrecht München

Begründet von Professor Dr. Reinhart Maurach
Herausgegeben von Professor Dr. Friedrich-Christian Schroeder,
Dr. h.c. (Breslau), Regensburg

Band 41 Manfred Gratzl: Die Reform der tschechischen Strafprozeßordnung nach 1989. Im Spannungsfeld von Rechtsstaatlichkeit, Verfahrensökonomie und Effizienz. 2002.

Band 42 Thomas Paintner: Die Insolvenz des Unternehmers in Polen. 2003.

Band 43 Niels von Redecker (Hrsg.): Deutsch-Estnische Rechtsfragen. 2003.

Band 44 Niels von Redecker: Die polnischen Vertreibungsdekrete und die offenen Vermögensfragen zwischen Deutschland und Polen. 2003. 2., durchgesehene Auflage 2004.

Band 45 Niels von Redecker: Das polnische Beamtenrecht. Entwicklung und Stand beim Beitritt Polens zur Europäischen Gemeinschaft. 2003.

Band 46 Cornelia Stefanie Wölk: Das Deliktsrecht Rußlands nach dem neuen Zivilgesetzbuch. 2003.

Band 47 Petr Bohata: Untersuchungshaft im deutschen und tschechischen Recht. 2003.

Band 48 Attila Széchényi: Das neue ungarische Strafprozessrecht im Spannungsverhältnis zwischen Rechtsstaatsprinzip, Verfahrensökonomie und Effizienz. 2003.

Band 49 Agnes Balawejder: Das polnische Telekommunikationsrecht. Umsetzungsbemühungen und -stand des telekommunikationsrechtlichen acquis communautaire im polnischen TK-Recht vor dem Unionsbeitritt Polens. 2004.

Band 50 Sven I. Oksaar / Niels von Redecker (Hrsg.): Deutsch-Estnische Rechtsvergleichung und Europa. 2004.

Band 51 Friedrich-Christian Schroeder (Hrsg.): Justizreform in Osteuropa. 2004.

Band 52 Herbert Küpper: Kollektive Rechte in der Wiedergutmachung von Systemunrecht. Teil I und Teil II. 2004.

Band 53 Sören Langner: Der GmbH-Geschäftsführer im tschechischen Recht. Organstellung und Anstellung im Rechtsvergleich. 2005.

Band 54 Herbert Küpper: Einführung in die Rechtsgeschichte Osteuropas. 2005.

Band 55 Anja Spitzweg: Das russische föderale Gesetz „Über Investmentfonds". 2007.

Band 56 Herbert Küpper: Die ungarische Verfassung nach zwei Jahrzehnten des Übergangs. Einführung mit Textübersetzung. 2007.

Band 57 Axel Boës: Die Gesellschaft mit beschränkter Haftung im russischen und deutschen Recht. 2007.

Band 58 Katrin Heinritz: „Defekte Demokratisierung" – ein Weg zur Diktatur? Turkmenistan und die Republik Sacha (Jakutien) in der Russischen Förderation nach dem Ende der Sowjetunion. 2007.

Band 59 Stefan Hülshörster: Recht im Umbruch. Die Transformation des Rechtssystems in der Ukraine unter ausländischer Beratung. 2008.

Band 60 Carsten Dewald-Werner: Versicherungsmarkt und Versicherungsaufsicht in der Russischen Föderation. 2008.

Band 61 Oleksiy Feliv: Die Hypothek im deutschen und ukrainischen Recht. Der systematische Vergleich des Hypothekenrechts in Deutschland und der Ukraine einschließlich der rechtstheoretischen Grundlagen und der Ausblicke für das gemeinsame Hypothekenrecht. 2009.

Band 62 Christoph Kurzböck: Die Abwicklung deutsch-tschechischer Erbfälle. 2010.

Band 63 Friedrich-Christian Schroeder / Herbert Küpper (Hrsg.): Die rechtliche Aufarbeitung der kommunistischen Vergangenheit in Osteuropa. 2010.

Band 64 Herbert Küpper / Wolfgang Brenn (Hrsg.): Rechtstransfer und internationale rechtliche Zusammenarbeit. Deutsche und japanische Erfahrungen bei der Kooperation mit Osteuropa und Zentralasien. 2010.

Band 65 Daniela Horner / Dragan Bataveljić: Grundeigentum und Registrierung von Liegenschaften in Serbien. Eigentumsschutz in der Praxis. 2010.

Band 66 Nail Mammadov: Die Straffreistellungsgründe im russischen und aserbaidschanischen Strafrecht im Vergleich zur deutschen Strafrechtsdogmatik. 2010.

Band 67 Matthias Farian: Dingliche Nutzungsrechte an fremden Grundstücken im russischen Recht. 2010.

Band 68 Manuchehr Kudratov: Die Straftatausschließungsgründe nach tadschikischem Strafrecht. Eine Analyse aus deutscher Perspektive. 2011.

Band 69 Michael Holland: Die Staatsanwaltschaft im russischen Strafprozess. 2012.

Band 70 Herbert Küpper: Ungarns Verfassung vom 25. April 2011. Einführung – Übersetzung – Materialien. 2012.

Band 71 Friedrich-Christian Schroeder / Manuchehr Kudratov (Hrsg.): Das strafprozessuale Vorverfahren in Zentralasien zwischen inquisitorischem und adversatorischem Modell. 2012.

Band 72 Tina de Vries (Hrsg.): Mediation als Verfahren konsensualer Streitbeilegung. Die deutsche, polnische und ukrainische Perspektive. 2012.

Band 73 Monika Lipińska: Die Sexualstraftaten im polnischen Strafkodex im Vergleich zum deutschen Strafgesetzbuch. 2013.

Band 74 Mirona Marisch: Das System der Arbeitnehmervertretung und des Sozialen Dialogs im rumänischen Recht im Vergleich zum deutschen Recht. 2013.

Band 75 Friedrich-Christian Schroeder / Manuchehr Kudratov (Hrsg.): Die strafprozessuale Hauptverhandlung zwischen inquisitorischem und adversatorischem Modell. Eine rechtsvergleichende Analyse am Beispiel des deutschen und des zentralasiatischen Strafprozessrechts. 2014.

Band 76 Evren Somer: Direct Democracy in the Baltic States. Institutions, Procedures and Practice in Estonia, Latvia and Lithuania. 2014.

Band 77 Florian Plagemann: Die russische Aktiengesellschaft. Darstellung aus Sicht des ausländischen Investors. 2014.

Band 78 Tatjana Seibel: Das russische Zwangsvollstreckungsrecht. Darstellung des Föderalen Gesetzes vom 02.10.2007 Nr. 229-FZ „Über das Vollstreckungsverfahren“ unter Hervorhebung der Gemeinsamkeiten und Unterschiede zum deutschen Zwangsvollstreckungsrecht. 2015.

Band 79 Friedrich-Christian Schroeder / Tina de Vries (Hrsg.): Neue Tendenzen im Strafprozessrecht – Deutschland, Polen und die Ukraine. 2015.

Band 80 Herbert Küpper / Zoltán Csehi / Csaba Láng (Hrsg.): Vier Jahre ungarisches Grundgesetz. 2016.

Band 81 Friedrich-Christian Schroeder / Herbert Küpper (Hrsg.): Ist die Transformation gelungen? Eigentum und Eigentumsordnung im postsozialistischen Europa. 2017.

www.ingramcontent.com/pod-product-compliance
Ingram Content Group UK Ltd.
Pitfield, Milton Keynes, MK11 3LW, UK
UKHW021855290926
8980IPUK00005B/857

9 783631 731000